Wertebildung im Jugendfußball – Eine Praxishilfe für Jugendleiter:innen

René Märtin, Julia Tegeler

Wertebildung im Jugendfußball – Eine Praxishilfe für Jugendleiter:innen

TeamUp! – Werte gemeinsam leben!

| **Verlag** Bertelsmann**Stiftung**

Bibliografische Information der Deutschen Nationalbibliothek

Die Deutsche Nationalbibliothek verzeichnet diese Publikation in der Deutschen Nationalbibliografie; detaillierte bibliografische Daten sind im Internet unter http://dnb.dnb.de abrufbar.

Wir danken den Spieler:innen der Spielvereinigung Langenhorst-Welbergen e.V., Ochtrup, und des TuS Haltern am See von 1882 e.V.

Verantwortlich: Julia Tegeler
Mitarbeit: Angelika Ribler
Lektorat: Gesine Bonnet
Herstellung: Christiane Raffel
Umschlaggestaltung: Elisabeth Menke
Abbildungen: Fotos: Kai Uwe Oesterhelweg, Gütersloh; Illustrationen: Pia Bublies, Hamburg
Gestaltung: Katrin Berkenkamp, Bielefeld
Druck: Hans Gieselmann Druck und Medienhaus GmbH & Co. KG, Bielefeld
ISBN 978-3-86793-919-5 (Print)
ISBN 978-3-86793-920-1 (E-Book PDF)

www.bertelsmann-stiftung.de/verlag

Inhalt

Vorwort

Im Jugendfußball geht es um weit mehr als um Technik, Taktik und Kondition. Werte wie Teamgeist, Fairness und Respekt spielen ebenfalls eine zentrale Rolle. Sie sind entscheidend für unseren Umgang miteinander – im Sport genauso wie in der Gesellschaft. Wie aber lassen sich diese Werte im Jugendfußball fördern? Darum geht es bei »TeamUp! – Werte gemeinsam leben«. Die Bertelsmann Stiftung hat dieses Konzept mit Unterstützung des Fußball- und Leichtathletik-Verbandes Westfalen (FLVW) entwickelt und erprobt. Es richtet sich an Jugendleiter:innen und Jugendtrainer:innen und vermittelt ihnen, wie sie Wertebildung – vor allem im U15- und U17-Bereich – bewusst unterstützen und ein respektvolles Miteinander in Mannschaft und Verein gestalten können.

Dafür braucht es keine zusätzlichen Wertelektionen neben und unabhängig von der schönsten Nebensache der Welt – im Gegenteil: TeamUp! lässt sich direkt in den Vereinsalltag integrieren. Es verbindet Fußball und Vereinsjugendarbeit mit wirksamen Ansätzen der Wertebildung. Jugendleiter:innen und Trainer:innen können so neben dem sportlichen Können die Persönlichkeitsentwicklung ihrer Jugendspieler:innen bewusst unterstützen sowie soziale Werthaltungen und Kompetenzen stärken. So gewinnt der Sport – und unsere Gesellschaft. Denn Wertebildung trägt dazu bei, dass sich junge Menschen zu verantwortungsvollen, gemeinschaftsfähigen und demokratisch handelnden Persönlichkeiten entwickeln.

Mit TeamUp! wollen wir alle im Jugendbereich Verantwortlichen auf diesem Weg unterstützen. Als Jugendleiter:in oder Vereinsjugendmanager:in haben Sie hierbei eine Schlüsselrolle inne. Sie koordinieren die Jugendarbeit, managen den Spielbetrieb, beraten und betreuen die Jugendspieler:innen und sind – gemeinsam mit den Jugendtrainer:innen – verantwortlich für deren sportliche und persönliche Entwicklung. Machen Sie sich das bewusst und nutzen Sie diese Möglichkeiten, positiv auf die Persönlichkeitsentwicklung der jungen Spieler:innen einzuwirken.

In diesem Praxisbuch erfahren Sie, wie Sie als Jugendleiter:in bzw. Vereinsjugendmanager:in eine wertebildende Jugendarbeit in den Verein integrieren können. Das Buch enthält alle Materialien, die wir in einem Modellprojekt 2016–2018 zusammen mit dem FLVW entwickelt und erprobt haben und die seit 2018 im Verband in der regulären Fortbildung für Jugendleiter:innen eingesetzt werden. Damit sind Sie gut gerüstet, um TeamUp! im eigenen Verein umzusetzen.

Sollten Sie die Gelegenheit haben, an einer TeamUp!-Fortbildung teilzunehmen, nutzen Sie diese. Dort können Sie Übungen und Methoden gemeinsam mit anderen Jugendleiter:innen ausprobieren und sich über Erfahrungen und Ideen austauschen. Zudem können Lehrreferent:innen Fragen beantworten und weitere praktische Tipps für die Arbeit mit TeamUp! im Fußballalltag geben. Diese gemeinsame Lernerfahrung haben alle bisherigen Teilnehmer:innen von TeamUp! als sehr hilfreich und wertvoll empfunden. Informationen über TeamUp!-Fortbildungen erhalten Sie bei der Bertelsmann Stiftung oder Sie können auch direkt bei Ihrem Verband nachfragen, ob es dort TeamUp!-Angebote gibt.

An dieser Stelle bedanken wir uns bei allen, die uns bei der Erstellung dieses Leitfadens unterstützt haben. Unser besonderer Dank gilt René Märtin und Angelika Ribler.

Für die sportliche Arbeit und die Wertebildung, gemeinsam mit den Jugendtrainer:innen und Jugendspieler:innen, wünschen wir viel Erfolg!

Stephan Vopel
Director
Programm Lebendige Werte

Julia Tegeler
Project Manager
Programm Lebendige Werte

Wegweiser durch dieses Buch

Hier finden Sie die wichtigsten Themen im Überblick:

Hier erfahren Sie das Wichtigste über den TeamUp!-Ansatz – welche Ziele damit verbunden sind und welche Prinzipien hinter dem Konzept stehen. Sie erhalten einen grundlegenden Überblick über die Bedeutung von Werten für den Jugendfußball, über die Kompetenzen, die wertebildender Jugendfußball in den Blick nimmt, und darüber, wie sich wertebildende Jugendarbeit im Verein mit TeamUp! gestalten lässt.

In diesem Kapitel haben wir die wesentlichen Grundlagen der Wertebildung knapp und verständlich zusammengefasst. Damit verfügen Sie über das notwendige theoretische Rüstzeug für die praktische Arbeit mit den Jugendlichen in Ihrer Abteilung. Zudem gibt es eine Reflexionsübung für Sie selbst: Welche Werte sind Ihnen wichtig?

Hier erfahren Sie, was Sie als Jugendleiter:in in Jugendabteilung und Verein für die Wertebildung tun können. Zudem finden Sie Anregungen und konkrete Übungen, die Ihnen helfen, sich mit Ihren eigenen Werten und Ihrer Leitungs- und Vorbildrolle auseinanderzusetzen.

In diesem Kapitel erfahren Sie, wie Sie Werte und Wertebildung im Verein zum Thema machen können und was wertebildende Jugendarbeit im Verein ausmacht. Satzung, Leitbild und Jugendkonzept dienen hierbei als Wegweiser. Sie erhalten eine Anleitung für die Erstellung eines Jugendleitbilds und lernen ein Jugendkonzept kennen, das die Wertebildung als einen wichtigen Aspekt berücksichtigt. Zudem finden Sie hier ein Praxisbeispiel, das veranschaulicht, wie Sie gemeinsam mit den Jugendtrainer:innen sowie weiteren Beteiligten Werte für Ihre Jugendabteilung erarbeiten können.

ab Seite 87 5 Wertebildende Jugendarbeit im Verein umsetzen

Im Alltag geht es darum, Werte gemeinsam zu leben. In diesem Kapitel finden Sie Anregungen dazu, wie Sie wertorientiertes Handeln fördern und eine wertebildende Jugendarbeit im Verein verankern können. Wir richten den Blick dazu auf die Elemente wertebildender Vereinsentwicklung – Management, Miteinander, Mitarbeit und Motivation – und zeigen, wie wertebildende Maßnahmen in der Jugendabteilung entwickelt, geplant und umgesetzt werden können. Weitere Themen sind Teamentwicklung und Elternarbeit als wichtige Aspekte wertebildender Jugendarbeit im Verein.

ab Seite 101 6 Wie gelingt gute Kommunikation?

Kommunikation ist entscheidend für ein gutes Miteinander. Denn in der Art, wie wir kommunizieren, leben wir Werte. Hier erhalten Sie praktische Tipps für eine zielführende und wertschätzende Kommunikation im Fußballalltag. Themen sind unter anderem: Feedbackregeln, aktives Zuhören und die Vorzüge von Ich-Botschaften.

ab Seite 111 7 Mit Konflikten umgehen

Konflikte gehören zum Alltag und in der Art, wie wir mit ihnen umgehen, leben wir Werte. Daher sind Konflikte auch gute Anlässe für die Wertebildung: Alle Beteiligten können daran wachsen, wenn ein konstruktiver Umgang gepflegt wird. In diesem Kapitel lernen Sie mehr über Ursachen und Lösungsansätze von Konflikten, erhalten Tipps für Konfliktgespräche und den Umgang mit Meinungsverschiedenheiten im Vereinsalltag. Konkrete Beispiele für Konfliktlösungen geben Anregungen für den Fußballalltag.

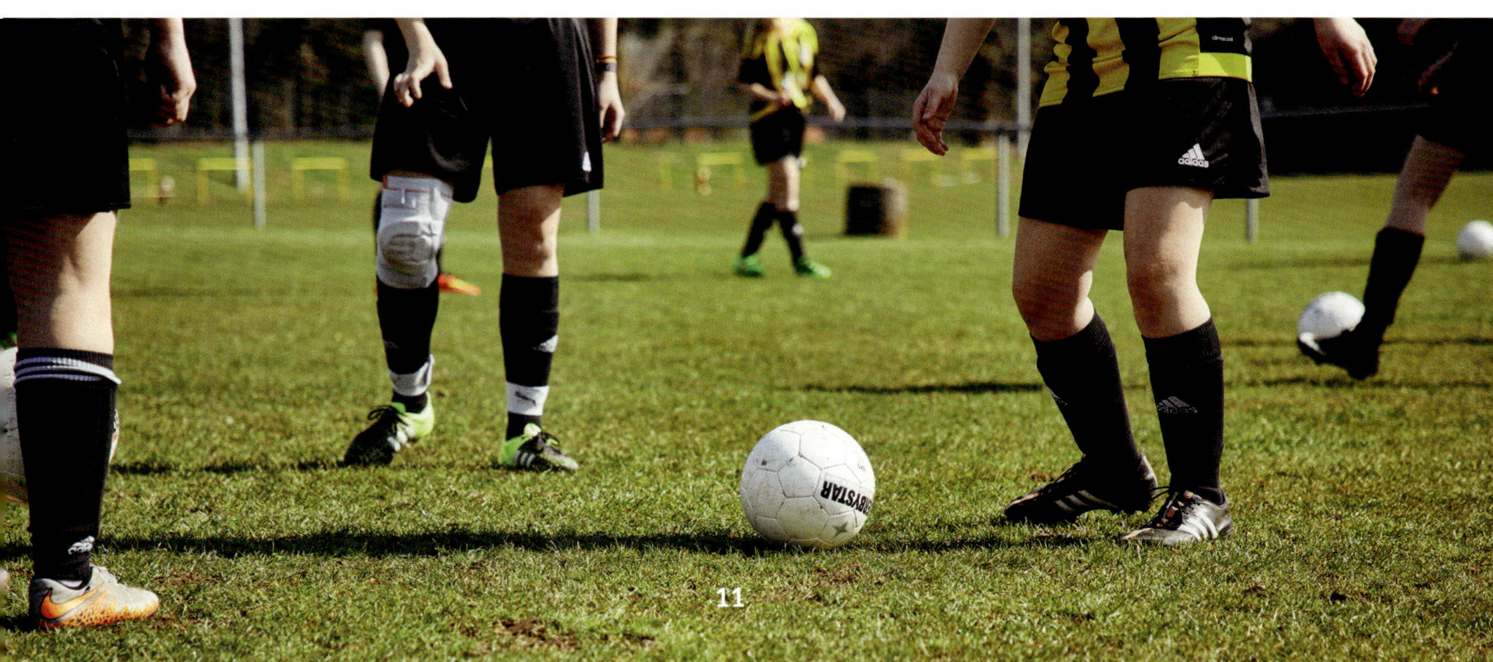

1 TeamUp! – Einführung in das Konzept

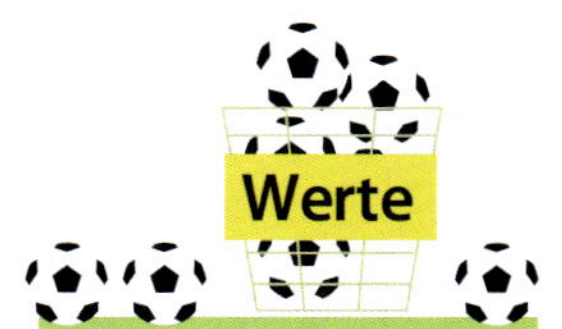

1.1 Werte und ihre Bedeutung für den Jugendfußball

Als Jugendleiter:in wissen Sie: Im Jugendfußball geht es um weit mehr als um Technik, Taktik und Kondition. Geteilte Werte wie Teamgeist, Fairness und Respekt spielen ebenfalls eine zentrale Rolle. Sie geben Orientierung für den Umgang miteinander und helfen dabei, als Team auf sportliche Ziele hinzuarbeiten. Auf und neben dem Platz sind ein an sozialen Werten ausgerichtetes Verhalten und entsprechende Kompetenzen gefragt. Die jungen Spieler:innen sollen im Team agieren, Verantwortung übernehmen, Konflikte friedlich lösen und sich fair und respektvoll gegenüber Mitspielenden oder Gegner:innen verhalten.

Dazu kommt: Fußball verbindet – über vermeintlich bestehende Unterschiede hinweg. Allein in Deutschland erreicht er täglich Millionen von Kindern und Jugendlichen aus allen gesellschaftlichen Schichten und mit unterschiedlichsten kulturellen Hintergründen. Als Vereins- und Mannschaftssport ist Fußball darauf angewiesen, dass der Umgang mit dieser Vielfalt gelingt und Zusammenhalt – ganz praktisch im Team – gelebt wird. Das bedeutet etwa, Toleranz einzuüben und Verschiedenheit anzuerkennen, sie als bereichernd wahrzunehmen und die ihr innewohnenden Chancen zu nutzen. Dabei geht es nicht nur um kulturelle, religiöse und soziale Unterschiede, sondern auch um den Umgang mit verschiedenen individuellen Eigenarten, Stärken und Potenzialen. Jedes Team ist angewiesen auf Spieler:innen mit verschiedenen Fähigkeiten, die sich gegenseitig ergänzen und optimal zusammenarbeiten. Es gilt also, auf unterschiedliche Spielerpersönlichkeiten einzugehen, sie individuell zu motivieren und zugleich ein gutes Teamplay zu fördern.

Kurzum: Fußball lebt nicht nur davon, dass das sportliche Zusammenspiel funktioniert. Auch auf ein gutes soziales Miteinander kommt es an und es muss genauso wie das sportliche Zusammenspiel eingeübt werden. Hier erweist die Wertebildung ihren Mehrwert: Über das Lernen und Leben von Werten lässt sich ein gutes Miteinander neben und auf dem Platz bewusst fördern. Deshalb sollte in der Jugendvereinsarbeit neben der sportlichen Ausbildung auch die Wertebildung junger Spieler:innen unterstützt werden. Davon profitieren die Jugendlichen auch persönlich. Denn die Förderung sozialer Werthaltungen und Kompetenzen sowie die Einübung sozialen Handelns im Verein helfen ihnen dabei, sich zu selbstbestimmten, verantwortungsvollen, demokratie- und gemeinschaftsfähigen sowie lebenskompetenten Persönlichkeiten zu entwickeln.

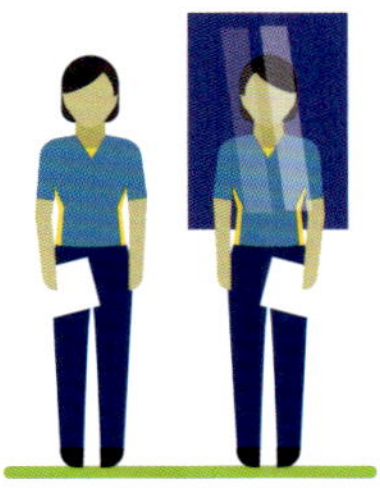

Als Jugendleiter:in oder Vereinsjugendmanager:in kommt Ihnen hierbei eine besondere Verantwortung zu. In diesen Rollen koordinieren Sie die Jugendarbeit, managen den Spielbetrieb, beraten und betreuen die Jugendspieler:innen. Zugleich vertreten Sie die Interessen von Kindern und Jugendlichen innerhalb des Vereins und nach außen. Überdies kommt Ihnen – laut DFB-Ausbildungsordnung – die Aufgabe zu, die Persönlichkeitsentwicklung der Jugendspieler:innen hin zu kritischen, demokratisch denkenden und handelnden Menschen zu unterstützen. Dafür braucht es wirksame Konzepte.

TeamUp! ist ein solches Konzept. Es zielt darauf ab, die Persönlichkeit zu stärken und Werte und Kompetenzen zu fördern, die für ein friedliches, respektvolles und demokratisches Miteinander unverzichtbar sind – im Jugendfußball ebenso wie in unserer vielfältigen Gesellschaft. Dazu gehören die demokratischen Grundwerte, wie sie im Grundgesetz sowie den Kinder- und Menschenrechten verankert sind – wie Respekt, Toleranz, Selbstbestimmung, Gewaltfreiheit, Akzeptanz von Vielfalt, Fairness, Solidarität, Gleichberechtigung und Gleichwertigkeit aller Menschen. Dazu gehören außerdem persönliche und soziale Kompetenzen, die benötigt werden, um diese Werte auch zu leben – wie die Fähigkeit, Konflikte friedlich zu lösen und im Team zusammenzuarbeiten, oder die Fähigkeit, mit negativen Gefühlen umzugehen. TeamUp! orientiert sich hierbei vor allem an den von der Weltgesundheitsorganisation (World Health Organization, WHO) definierten »Lebenskompetenzen« (siehe Seite 15).

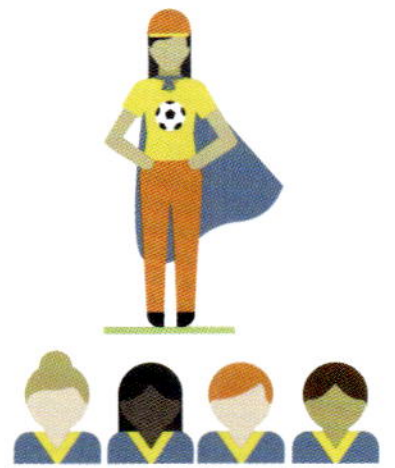

Wenn Sie in der Jugendabteilung mit TeamUp! arbeiten, leisten Sie also einen wertvollen Beitrag zur Persönlichkeitsentwicklung junger Menschen. Sie können demokratische Grundwerte und Lebenskompetenzen stärken und in Ihrem Verein eine Kultur mitprägen, die von Respekt, Verantwortung und solidarischem Miteinander getragen ist. So bereiten Sie – gemeinsam mit anderen, die an der Wertebildung junger Menschen beteiligt sind – Jugendliche auf das Leben in unserer unübersichtlichen, vielfältigen und sich ständig verändernden Welt vor und tragen ganz praktisch zum gesellschaftlichen Zusammenhalt bei. Lesen Sie dazu unbedingt auch den Abschnitt »Wie lässt sich Wertebildung im Jugendfußball unterstützen?« (siehe Seite 40).

In dieser Praxishilfe zeigen wir Ihnen, wie Sie Wertebildung in der Jugendabteilung zum Thema machen und eine wertebildende Jugendarbeit in den Verein integrieren können. Sie finden dafür auf den folgenden Seiten zahlreiche Anregungen – angefangen bei Satzungsänderungen und der Entwicklung eines wertebildenden Jugendkonzepts bis hin zu konkreten Maßnahmen und Methoden, die dazu dienen, ein solches Konzept auch umzusetzen.

1.2 Was ist TeamUp!?

TeamUp! ist ein in der Praxis erprobtes und wissenschaftlich evaluiertes Konzept für die Wertebildung im Jugendfußball, das die Bertelsmann Stiftung mit Unterstützung des Fußball- und Leichtathletik-Verbandes Westfalen (FLVW) entwickelt hat. Es zielt darauf ab, eine wertebildende Jugendarbeit im Verein zu verankern und so die Wertebildung von Jugendlichen wirksam und nachhaltig im Fußballalltag zu unterstützen. TeamUp! richtet sich an Jugendleiter:innen, Trainer:innen und Betreuer:innen von Jugendteams sowie weitere Verantwortliche im Jugendfußball. Sie erfahren hier, wie sie neben den sportlichen Fähigkeiten die Persönlichkeitsentwicklung von Jugendlichen bewusst unterstützen und ein gutes Miteinander in Verein und Gesellschaft fördern können. Hierfür vermittelt das Wertebildungskonzept theoretische Grundlagen und liefert praktisches Handwerkszeug.

Dabei nimmt TeamUp! alle drei Ebenen in den Blick, die für eine wirksame und nachhaltige Wertebildung wesentlich sind: Haltung, Kompetenz und Handeln. Der Fokus liegt auf der Förderung von Werthaltungen und Kompetenzen, die für ein friedliches, respektvolles, tolerantes und solidarisches Miteinander unverzichtbar sind, sowie auf der Förderung eines entsprechenden wertorientierten Handelns. Es geht also vor allem um Werte wie Teamgeist, Fairness, Respekt, Akzeptanz und Verantwortung, um soziale Kompetenzen wie Konflikt-, Kooperations- und Kommunikationsfähigkeit sowie um verantwortungsvolles, soziales Handeln.

Ziele von TeamUp! im Überblick

TeamUp! unterstützt die Wertebildung von Jugendlichen im Fußballalltag und bezieht sich dabei auf die drei für die Wertebildung wesentlichen Ebenen: Haltung, Kompetenz und Handeln.

Haltung

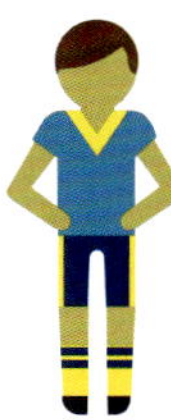

1. Ziel: Soziale Werthaltungen fördern

Eine Werthaltung ist eine persönliche Wertvorstellung. Sie drückt aus, dass uns ein Wert wichtig ist. Eine Haltung ist mit Emotionen verbunden. Sie motiviert uns, entsprechend unserer Überzeugungen zu handeln. Das kommt – wenn uns das gelingt – in unserem Handeln zum Ausdruck. TeamUp! fördert vor allem soziale Werthaltungen.

Bei TeamUp! stehen die Werthaltungen im Fokus, die sich aus dem Grundgesetz sowie den Menschen- und Kinderrechten ableiten lassen und für ein gelingendes Leben und Zusammenleben in Vielfalt wichtig sind: Miteinander, Teamgeist, Respekt, Fairness, Toleranz, Motivation, Selbstvertrauen, Mitbestimmung, Offenheit, Integration, Akzeptanz von Vielfalt, Gewaltfreiheit, Engagement, Verantwortung, Solidarität, Anerkennung der Gleichwertigkeit aller Menschen.

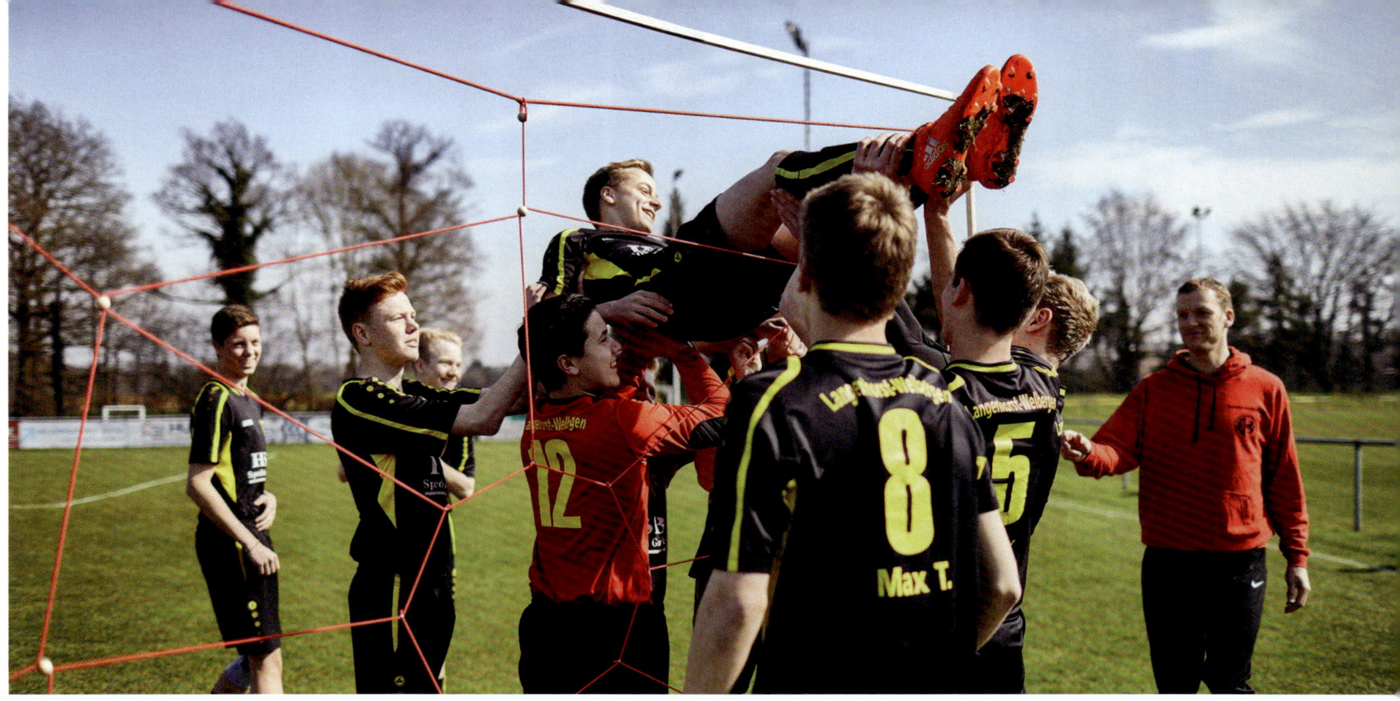

Im Team Werte leben

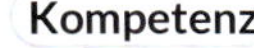

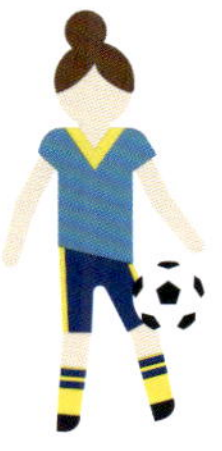

2. Ziel: Lebenskompetenzen und Wertekompetenz stärken

Eine Haltung oder Werthaltungen zu haben, reicht allein nicht aus. Es braucht auch Kompetenzen, um wertorientiert handeln zu können. So sollte, wer den Wert Gewaltfreiheit leben will, beispielsweise auch dazu fähig sein, Konflikte friedlich zu lösen. TeamUp! zielt darauf ab, dass Jugendliche solche wichtigen persönlichen und sozialen Kompetenzen entwickeln sowie Wertekompetenz erlernen. Hierzu zählen etwa die Fähigkeiten, mit Wertevielfalt umzugehen, eigene Werthaltungen zu reflektieren und wertorientiert zu handeln.

Bei TeamUp! stehen die persönlichen und sozialen Kompetenzen im Mittelpunkt, die die Weltgesundheitsorganisation als Lebenskompetenzen definiert hat: Kooperations- und Teamfähigkeit, Empathie, Beziehungsfähigkeit, Fähigkeit zur Perspektivübernahme, Kommunikationsfähigkeiten, Konflikt- und Problemlösefähigkeit, Gefühlsbewältigung.

Lebenskompetenzen

TeamUp! orientiert sich an den von der Weltgesundheitsorganisation (World Health Organization, WHO) definierten »Lebenskompetenzen«:

»Lebenskompetenzen sind diejenigen Fähigkeiten, die es den Menschen ermöglichen, ihr Leben zu steuern und auszurichten und ihre Fähigkeiten zu entwickeln, mit den Veränderungen in ihrer Umwelt zu leben und selbst Veränderungen zu bewirken« (WHO 1994/1999).

Lebenskompetent ist laut WHO, wer sich selbst kennt und mag, empathisch ist, kritisch und kreativ denkt, kommunizieren und Beziehungen herbeiführen kann, durchdachte Entscheidungen trifft, erfolgreich Probleme löst, Gefühle und Stress bewältigen kann. Diesen prinzipiellen Überlegungen folgend hat die WHO zehn Kernkompetenzen formuliert, sogenannte Core Life Skills (Lebenskompetenzen):

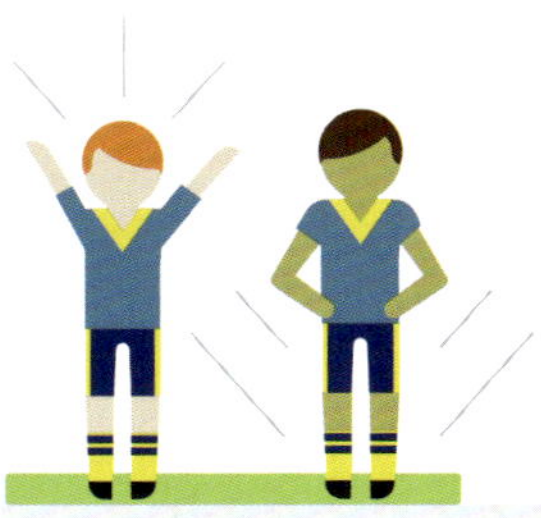

Lebenskompetenzen nach WHO

1 Selbstwahrnehmung

Bezieht sich auf das Erkennen der eigenen Person, des eigenen Charakters sowie auf eigene Stärken und Schwächen, Wünsche und Abneigungen.

2 Empathie

Die Fähigkeit, sich in andere Personen hineinzuversetzen.

3 Kreatives Denken

Ermöglicht es, adäquate Entscheidungen zu treffen sowie Probleme konstruktiv zu lösen.

4 Kritisches Denken

Die Fertigkeit, Informationen und Erfahrungen objektiv zu analysieren.

5 Entscheidungen treffen

Die Fähigkeit, konstruktiv mit Entscheidungen im Alltag umzugehen.

6 Problemlösungsfähigkeiten

Dient dazu, Schwierigkeiten und Konflikte im Alltag konstruktiv anzugehen.

7 Effektive Kommunikationsfähigkeiten

Tragen dazu bei, sich kultur- und situationsgemäß sowohl verbal als auch nonverbal auszudrücken.

8 Interpersonale Beziehungsfähigkeiten

Befähigen dazu, Freundschaften zu schließen und aufrechtzuerhalten.

9 Gefühlsbewältigung

Die Fertigkeit, sich der eigenen Gefühle und der Gefühle anderer bewusst zu werden, angemessen mit Gefühlen umzugehen sowie zu erkennen, wie Gefühle Verhalten beeinflussen.

10 Stressbewältigung

Die Fähigkeit, Ursachen und Auswirkungen von Stress im Alltag zu erkennen und stressreduzierende Verhaltensweisen zu erlernen.

Quellen: http://praevention-in-der-schule-bw.de, https://www.leitbegriffe.bzga.de/

3. Ziel: Wertorientiertes Handeln fördern

Handeln

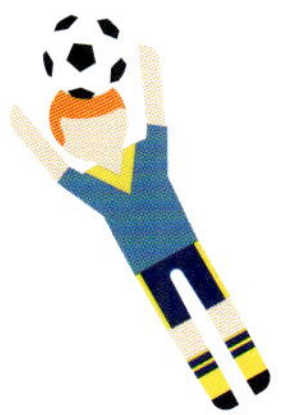

Auch Haltung und Kompetenz reichen allein nicht aus. Am Ende kommt es darauf an, dass ein Handeln aus den eigenen Werthaltungen heraus gelingt und die Lebens- und Wertekompetenzen auch eingesetzt werden. TeamUp! fördert ein solches wertorientiertes Handeln durch praktische Einübung. Im Alltag bedeutet das beispielsweise, Fairplay einzuüben, wertschätzend miteinander zu kommunizieren und Konflikte gemeinsam friedlich zu lösen.

TeamUp! zielt darauf, gemeinsam ein gutes Miteinander in Mannschaft und Verein zu gestalten. Das lässt sich nicht theoretisch vermitteln, sondern muss eingeübt und so zur Gewohnheit werden. Dabei helfen auch gemeinsame Regeln, an denen sich alle orientieren. Werteorientiertes Handeln wird sichtbar, wenn ein Team zusammenhält, wenn Jugendliche fair und respektvoll miteinander umgehen, Verantwortung übernehmen, Konflikte friedlich lösen, Vielfalt akzeptieren, sich einbringen und für den eigenen Verein engagieren.

1.3 Mit TeamUp! Wertebildung im Jugendfußball unterstützen

TeamUp! ist kein zusätzliches Wertetraining, das neben, unabhängig oder zusätzlich zum Fußball zu absolvieren ist. Vielmehr lässt sich das Konzept direkt in den Fußballalltag integrieren. Es verbindet Jugendarbeit im Verein, Mannschaftsführung und Training mit wirksamen Ansätzen der Wertebildung und vermittelt dazu umfassende Methodenkompetenz. Als Jugendleiter:in erfahren Sie, wie Sie eine wertebildende Jugendarbeit und Jugendtrainerarbeit im Verein gestalten können. Trainer:innen wiederum lernen, wie sie Wertebildung direkt ins Training und in die Arbeit mit ihrer Mannschaft integrieren können. Dafür setzt TeamUp! auf verschiedenen Ebenen an und fördert einen Prozess, der von der Sensibilisierung für Wertebildung und der bewussten Auseinandersetzung mit Werten bis hin zum wertorientierten Handeln im Fußballalltag reicht.

Sensibilisierung: Den eigenen Blick für Wertebildung im Alltag schärfen

Wertebildung findet im Alltag statt und genau hier setzt TeamUp! an. Das Konzept sensibilisiert für die Bedeutung von Wertebildung im Jugendfußball und für die wertebildenden Potenziale des Trainings- und Vereinsalltags. Es schärft den Blick dafür, wann und wie Sie und Ihre Trainer:innen in alltäglichen Situationen bewusst wertebildend wirken können. Der Fußballalltag bietet dafür zahlreiche Anlässe. Denn Wertebildung findet praktisch immer statt, sobald Sie und die Trainer:innen mit den Jugendlichen in Kontakt kommen und interagieren. Im Umgang mit Mitspieler:innen, dem gegnerischen Team, Unparteiischen, Betreuer:innen und

Trainer:innen können Jugendliche respektvolles und faires Verhalten einüben und lernen, Verantwortung zu übernehmen und Konflikte friedlich zu regeln. Hierin steckt viel Potenzial, das Sie in der Arbeit mit den Jugendlichen nutzen können und sollten. Denn wie miteinander oder mit anderen umgegangen wird, bringt zum Ausdruck, welche Werte im Verein wirklich gelebt werden und welches Verhalten akzeptiert wird. TeamUp! hilft Ihnen dabei, ein Gespür dafür zu entwickeln. Sie erfahren mehr darüber, welche konkreten Möglichkeiten Sie haben, um die Wertebildung von Jugendlichen im Fußballalltag zu unterstützen.

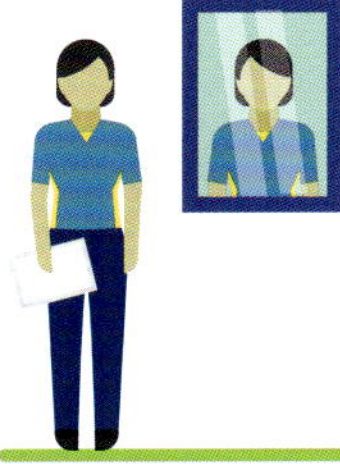

Selbstreflexion: Sich mit den eigenen Werten und der eigenen Vorbildrolle auseinandersetzen

Eine Grundvoraussetzung, um überhaupt mit Werten im Jugendfußball zu arbeiten, ist die Reflexion der eigenen Werte und Haltungen. Wenn Sie die Wertebildung von Jugendlichen glaubwürdig und wirksam fördern wollen, sollten Sie zunächst klären, worauf es Ihnen im Leben ankommt und was Ihnen persönlich sowie als verantwortliche:r Jugendleiter:in wichtig ist. TeamUp! setzt deshalb bei der Selbstreflexion an. Sie erhalten Anregungen dazu, sich mit Ihren Werten sowie Ihrer Vorbild- und Leitungsrolle auseinanderzusetzen. So können Sie für sich klären, was Ihnen wichtig ist und woran Sie Ihr eigenes Handeln ausrichten wollen. Das ist entscheidend für die Frage, was Sie an die Mitglieder der Jugendabteilung, insbesondere die Jugendlichen, weitergeben möchten beziehungsweise welche Werte Sie als Jugendleiter:in im Zusammenspiel mit den Trainer:innen besonders fördern wollen.

Neben der Reflexion Ihrer Werte sollten Sie sich auch bewusst mit Ihrer Vorbildrolle auseinandersetzen. Denn als Jugendleiter:in haben Sie hier eine besondere Verantwortung: Wie die Trainer:innen sind auch Sie für die Jugendlichen Vorbild (das gilt besonders, wenn Sie sich in der Doppelrolle Jugendleiter:in/Trainer:in befinden). Sie leben Werte und Verhaltensweisen vor, an denen sich die anderen orientieren. Das gilt im Positiven wie im Negativen. Deshalb ist es wichtig, die eigene Haltung und das eigene Verhalten zu reflektieren und gegebenenfalls auch zu ändern. TeamUp! unterstützt Sie dabei und gibt Anregungen dazu, sich mit der eigenen Vorbildrolle zu beschäftigen und bewusst Werte im Alltag vorzuleben. Der Vorteil: Jugendliche, die die Verantwortlichen in der Abteilung als positives Vorbild erleben, können daran wachsen und sind bereit, selbst Verantwortung zu übernehmen.

Als Jugendleiter:in sind Sie hier in vielfacher Hinsicht gefragt, denn Sie haben im Verein eine Schlüsselrolle: Sie koordinieren die Jugendarbeit, organisieren den Spielbetrieb, managen die Jugendabteilung, kommunizieren mit Eltern, Betreuer:innen, Trainerstab, Platzwart:in, Vorstand, anderen Mannschaften und anderen Vereinen. Sie haben die Verbands- und Gremienarbeit im Blick, unterstützen die Trainer:innen in ihrer Arbeit – und einiges mehr. Die Rolle des Vereinsjugendmanagers/der Vereinsjugendmanagerin bietet damit vielfältige Möglichkeiten, Einfluss auf die

Wertebildung der Jugendlichen zu nehmen. Gleichzeitig ist sie sehr komplex. Oft sitzen Sie als Vereinsjugendmanager:in zwischen den Stühlen. Deswegen ist es hilfreich, Klarheit darüber zu gewinnen, welche unterschiedlichen Rollen und Aufgaben mit der Funktion des Jugendleiters/der Jugendleiterin verbunden sind. Dann können Sie bewusst Schwerpunkte setzen, um sich mit der Vielzahl der Aufgaben nicht zu überfordern. Die bei TeamUp! angebotenen Selbstreflexionen und Hinweise unterstützen Sie darin, zu dieser Klarheit zu gelangen (Wertereflexion: Seite 29 und 57 sowie Rollenreflexion: Seite 60).

Dialog: Werte im Fußball zum Thema machen

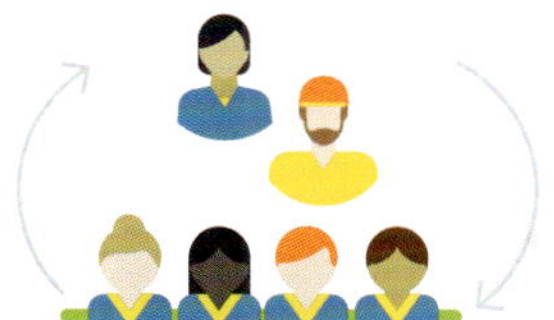

Für die Persönlichkeitsentwicklung der Jugendlichen ist es wichtig, dass auch sie sich mit ihren eigenen Werten und denen anderer auseinandersetzen. Denn nur wenn sie sich bewusst sind, was ihnen und anderen persönlich und gemeinschaftlich wichtig ist, können sie ihr Verhalten daran ausrichten, es reflektieren und gegebenenfalls auch ändern. Daher sollten Sie bei den Jugendlichen die Reflexion über Werte anstoßen und die Auseinandersetzung mit eigenen Haltungen fördern. Fragen Sie sie: Was ist euch wichtig – persönlich und für eure Mannschaft? Wie wollt ihr miteinander umgehen? Gemeinsam mit den Trainer:innen und deren Teams – sowie auch weiteren Beteiligten im Jugendbereich – können Sie dann gemeinsame Werte erarbeiten, die Orientierung für den Umgang miteinander und für die sportliche und außersportliche Jugendarbeit im Verein geben. Davon wiederum lassen sich Regeln für das Miteinander ableiten, die für alle gelten sollen.

Diese gemeinsamen Werte und Regeln helfen dann dabei, Vereinsalltag und Training so zu gestalten, dass ein respektvolles Miteinander, eine bessere Zusammenarbeit und Kommunikation sowie ein lösungsorientierter Umgang mit Konflikten möglich sind.

TeamUp! unterstützt Sie bei diesem Prozess der Auseinandersetzung mit und Verständigung über gemeinsame Werte im Jugendfußball. In diesem Leitfaden finden Sie Anregungen und lernen Methoden kennen, um Jugendliche zu beteiligen und mit ihnen über Werte ins Gespräch zu kommen. Zudem erhalten Sie Tipps, wie Sie Werte für die eigene Jugendabteilung gemeinsam mit Trainer:innen, Spieler:innen, Eltern und weiteren Beteiligten entwickeln können. Satzung, Leitbild und Jugendkonzept dienen hierbei als Wegweiser. Wir versorgen Sie dazu mit einer genauen Anleitung und erklären insbesondere, wie ein wertorientiertes Jugendkonzept für den eigenen Verein aussehen kann. Sie erfahren auch, wie Sie Ihre Trainer:innen ermuntern können, gemeinsam mit den Spieler:innen Mannschaftswerte und Verhaltensregeln zu erarbeiten, im Training und Vereinsalltag Werte zu thematisieren und bewusst wertebildend zu arbeiten.

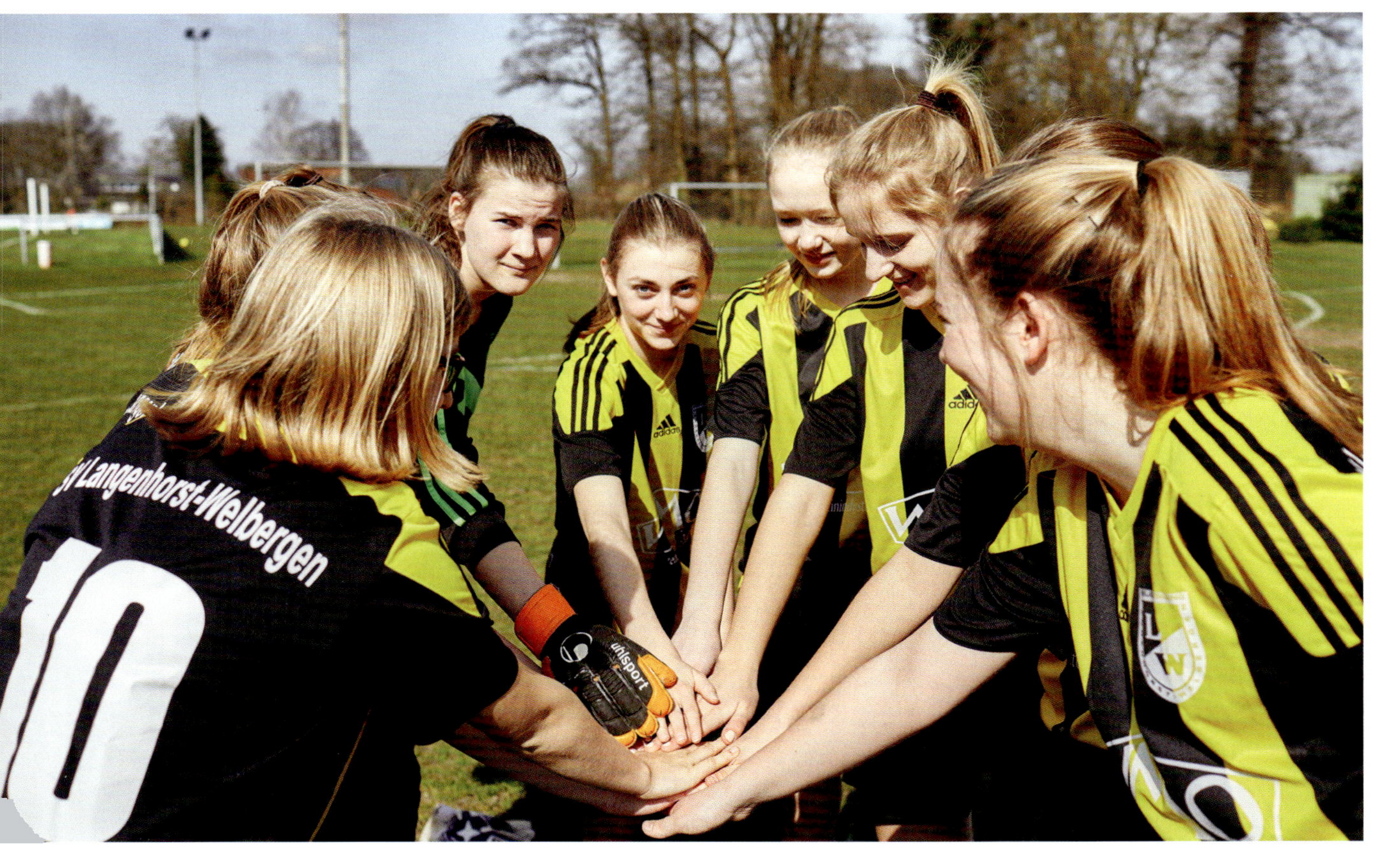

Gemeinsam Werte leben

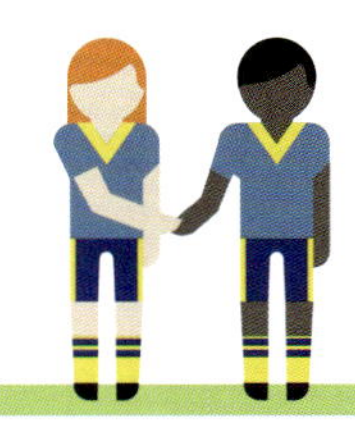

Handeln: Werte in Verein, Jugendabteilung und den Mannschaften leben

Die Selbstreflexion und die Erarbeitung gemeinsamer Werte und Regeln sind die Basis, um Wertebildung und ein gutes Miteinander im Fußball wirksam und nachhaltig zu fördern. Dann aber kommt es darauf an, die gemeinsamen Werte im Alltag auch zu leben – also ins Handeln zu kommen. Das heißt: Es wird nicht nur über Verantwortung gesprochen oder Respekt eingefordert, sondern die Jugendlichen übernehmen tatsächlich Verantwortung, verhalten sich respektvoll, lösen Konflikte friedlich und trainieren Fairplay. Die Ebene des Handelns ist entscheidend dafür, dass Werte im Verein wirklich umgesetzt werden.

TeamUp! liefert dafür eine Vielzahl praktischer Anregungen und Hinweise und zeigt, wie Sie wertebildende Maßnahmen in der Jugendabteilung entwickeln, planen und umsetzen können. Dazu richtet TeamUp! den Blick insbesondere auf die Elemente wertebildender Vereinsentwicklung – Management, Miteinander, Mitarbeit und Motivation – und vermittelt, wie in diesen Bereichen Wertebildung gefördert werden kann. Weitere Themen sind Teamentwicklung und Elternarbeit als wichtige Aspekte wertebildender Jugendarbeit im Verein. Außerdem gibt TeamUp! praktische Tipps für eine wertschätzende Kommunikation und zum konstruktiven Umgang mit Konflikten. Sie lernen mehr über Ursachen von Konflikten und Lösungsansätze, erhalten Tipps für das Konfliktgespräch und den Umgang mit Meinungsverschiedenheiten im Vereinsalltag. In Ihrer Leitungsrolle können Sie damit die Art und Weise, wie Ihre Trainer:innen und die Jugendlichen miteinander kommunizieren und umgehen, positiv beeinflussen.

Schließlich zeigt TeamUp!, wie sich das normale Fußballtraining mit dem Lernen von Werten verknüpfen lässt. Dazu liefern wir praktische Beispiele für wertebildende Trainingseinheiten und Tipps, um selbst solche Trainingseinheiten zu gestalten. Hierfür gibt es eigene TeamUp!-Materialien (→ **Trainerhandbuch**) und Schulungen speziell für die Trainer:innen.

Dranbleiben: Wertebildung kontinuierlich und nachhaltig gestalten

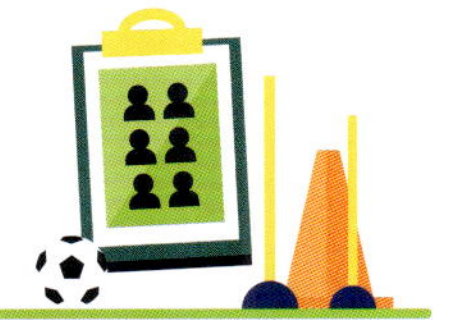

Mit der Wertebildung verhält es sich wie mit dem Training von Kondition und Technik: Man muss dranbleiben. Nur dann können Kinder und Jugendliche wichtige Kompetenzen erlernen und ein stabiles Wertegerüst entwickeln, das ihnen Orientierung gibt und sie in ihrem Handeln leitet. Wertorientiertes Handeln muss im Alltag immer wieder eingeübt werden, damit sich Haltungen festigen und Kompetenzen entwickeln.

Das Jugendkonzept und die Entwicklung der Jugendabteilung unter wertebildenden Aspekten sind hierfür ein wichtiger Anker. TeamUp! gibt Ihnen Anregungen, um im eigenen Verein Mitstreiter:innen für das Thema zu gewinnen und zeigt, wie sich Wertebildung im Leitbild des Vereins oder im Jugendkonzept verankern lässt. Im Vereinsalltag und während der Saison bieten sich viele Möglichkeiten, um gemeinsam mit Jugendtrainer:innen, Betreuer:innen sowie Eltern Wertebildung als ständigen, begleitenden Aspekt in die Arbeit mit den Jugendspieler:innen einzubauen. Mit den anderen Verantwortlichen in der Jugendabteilung können Sie auf Basis des Jugendkonzepts überlegen, welche Maßnahmen und Aktivitäten Sie über das Jahr hinweg planen möchten (z. B. Trainersitzung, Elternabende, Feste, Freizeitprogramm wie Ausflüge oder Fußball-Camp, Fairplay-Turniere).

Dazu sollten Sie den Jugendtrainer:innen eine TeamUp!-Fortbildung bei Ihrem Verband ans Herz legen. Je mehr Verantwortliche sich mit dem Konzept, den Prinzipien und Methoden vertraut machen, desto leichter gelingt die Umsetzung von TeamUp!. Dazu dienen auch die TeamUp!-Materialien. Ausgebildete Trainer:innen können so gezielt auf eine wertebildende Arbeit mit den Jugendlichen setzen, etwa mit wertebildenden Übungen und Trainingseinheiten, mit der Erarbeitung von Werten und Regeln für das Miteinander und der Verständigung auf gemeinsame Ziele. Auch erlebnispädagogische Übungen und Reflexionen können dazu beitragen, Verantwortungsübernahme, einen konstruktiven Umgang mit Konflikten und gute Kommunikation einzuüben. Als Jugendleiter:in sitzen Sie an der richtigen Stelle, um über Ihre Leitungsfunktion in Zusammenarbeit mit anderen Verantwortlichen das TeamUp!-Konzept passgenau für Ihren Verein umzusetzen.

1.4 Der Wirkungsprozess von TeamUp! auf einen Blick

Das TeamUp!-Schaubild (Seite 23) fasst den Wirkungsprozess von TeamUp! zusammen. Es wird auf einen Blick deutlich, wie das Konzept Jugendleiter:innen und Trainer:innen für die Wertebildung fit macht und über sie die Jugendmannschaften sowie die einzelnen Jugendspieler:innen erreicht.

1.5 Prinzipien wirksamer Wertebildung

TeamUp! basiert auf Prinzipien wirksamer Wertebildung. Davon sind vier für Wirksamkeit, Nachhaltigkeit und somit den Erfolg des Konzepts zentral: alltagsintegriert, umfassend, ganzheitlich und partizipativ.

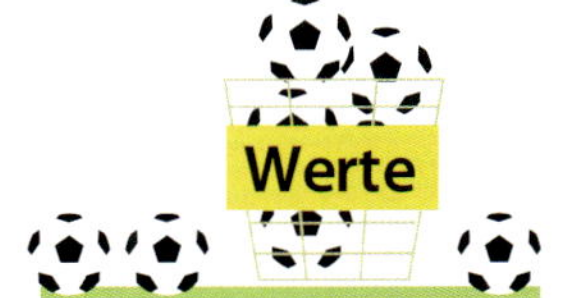

1 Alltagsintegriert: Wertebildung direkt in den Fußballalltag integrieren

TeamUp! ist kein Wertetraining, das unabhängig und zusätzlich zum Fußballtraining und Vereinsleben zu absolvieren ist. Vielmehr zeichnet sich das Wertebildungskonzept dadurch aus, dass es direkt in den Fußballalltag integriert wird und an die Lebenswelt der Jugendlichen anknüpft. Als Jugendleiter:in können Sie Wertebildung in der Vereinsjugendarbeit verankern – beispielsweise indem Sie in Trainersitzungen wertschätzende Kommunikation einüben oder wertorientiertes Handeln durch gemeinsame Aktionen (z. B. gemeinsame Inventur von Material und Ausstattung oder Mitmach-Foto-Aktionen wie »Was ich im Fußball lerne«) und Umgangsregeln fördern. Ihre Trainer:innen haben die Möglichkeit, TeamUp! im normalen Fußballtraining und in der Interaktion mit den Mannschaften einzusetzen, indem sie vorhandene wertebildende Potenziale des Trainings bewusst nutzen. Insgesamt schärft TeamUp! den Blick für Situationen im Vereinsalltag, die dazu geeignet sind, Wertebildung zu unterstützen, und zeigt, wie das gelingen kann. Hier steckt viel Potenzial. Denn Wertebildung findet praktisch immer statt, wenn Menschen miteinander interagieren.

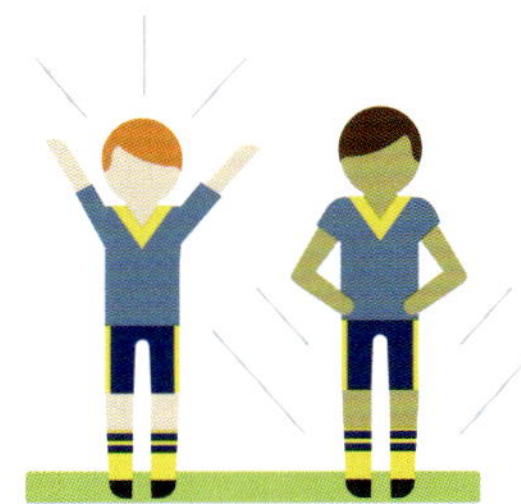

2 Umfassend: Erleben und Reflexion miteinander verbinden

TeamUp! bietet Ihnen und Ihren Trainer:innen umfassende Möglichkeiten, Wertebildung zu fördern: direkt durch die Erarbeitung von Abteilungs- oder Mannschaftswerten und Verhaltensregeln oder durch geeignete Übungen und Reflexionseinheiten im Training; indirekt, indem Werte im eigenen Verhalten vorgelebt werden und die Jugendlichen Gelegenheit erhalten, wertorientiertes Handeln selbst einzuüben (mehr zur direkten und indirekten Wertebildung siehe Seite 52/53). Am wirkungsvollsten ist es, wenn beides miteinander verbunden wird, also Erleben und Reflexion ineinandergreifen. Denn wir lernen Werte, indem sie uns vorgelebt werden und indem wir durch eigenes Handeln Erfahrungen machen.

TeamUp! Werte gemeinsam leben

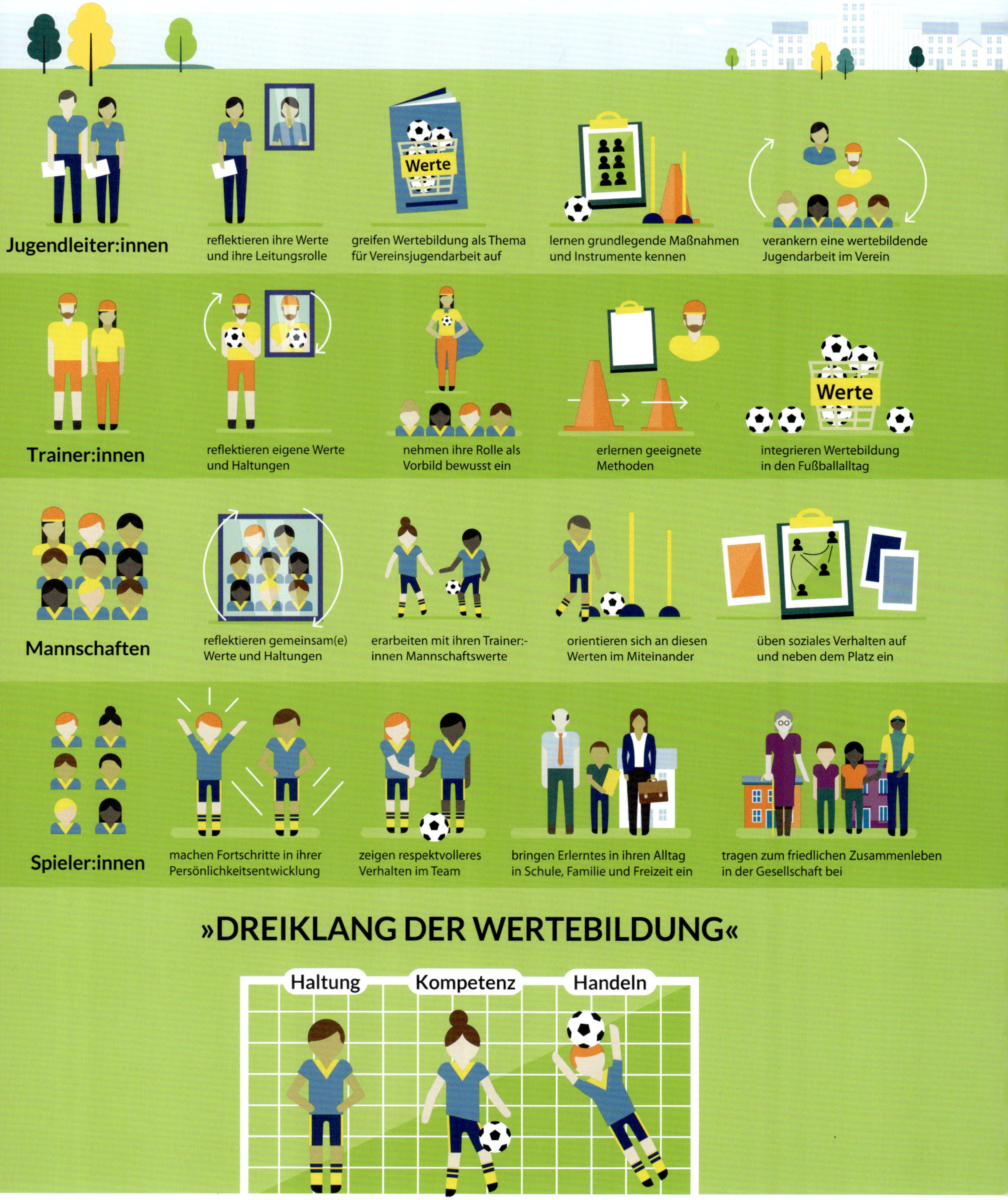

Jugendleiter:innen

- reflektieren ihre Werte und ihre Leitungsrolle
- greifen Wertebildung als Thema für Vereinsjugendarbeit auf
- lernen grundlegende Maßnahmen und Instrumente kennen
- verankern eine wertebildende Jugendarbeit im Verein

Trainer:innen

- reflektieren eigene Werte und Haltungen
- nehmen ihre Rolle als Vorbild bewusst ein
- erlernen geeignete Methoden
- integrieren Wertebildung in den Fußballalltag

Mannschaften

- reflektieren gemeinsam(e) Werte und Haltungen
- erarbeiten mit ihren Trainer:-innen Mannschaftswerte
- orientieren sich an diesen Werten im Miteinander
- üben soziales Verhalten auf und neben dem Platz ein

Spieler:innen

- machen Fortschritte in ihrer Persönlichkeitsentwicklung
- zeigen respektvolleres Verhalten im Team
- bringen Erlerntes in ihren Alltag in Schule, Familie und Freizeit ein
- tragen zum friedlichen Zusammenleben in der Gesellschaft bei

»DREIKLANG DER WERTEBILDUNG«

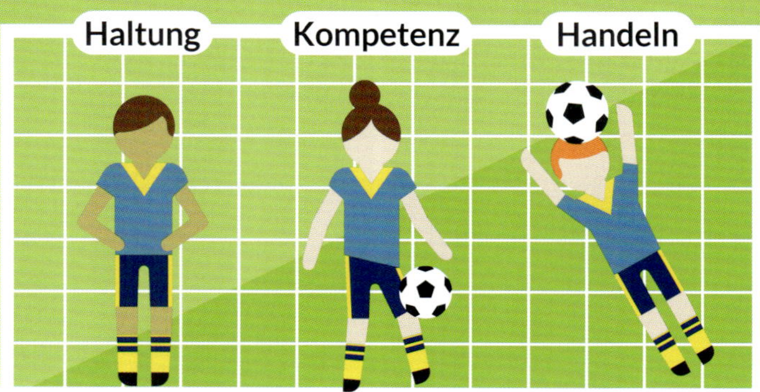

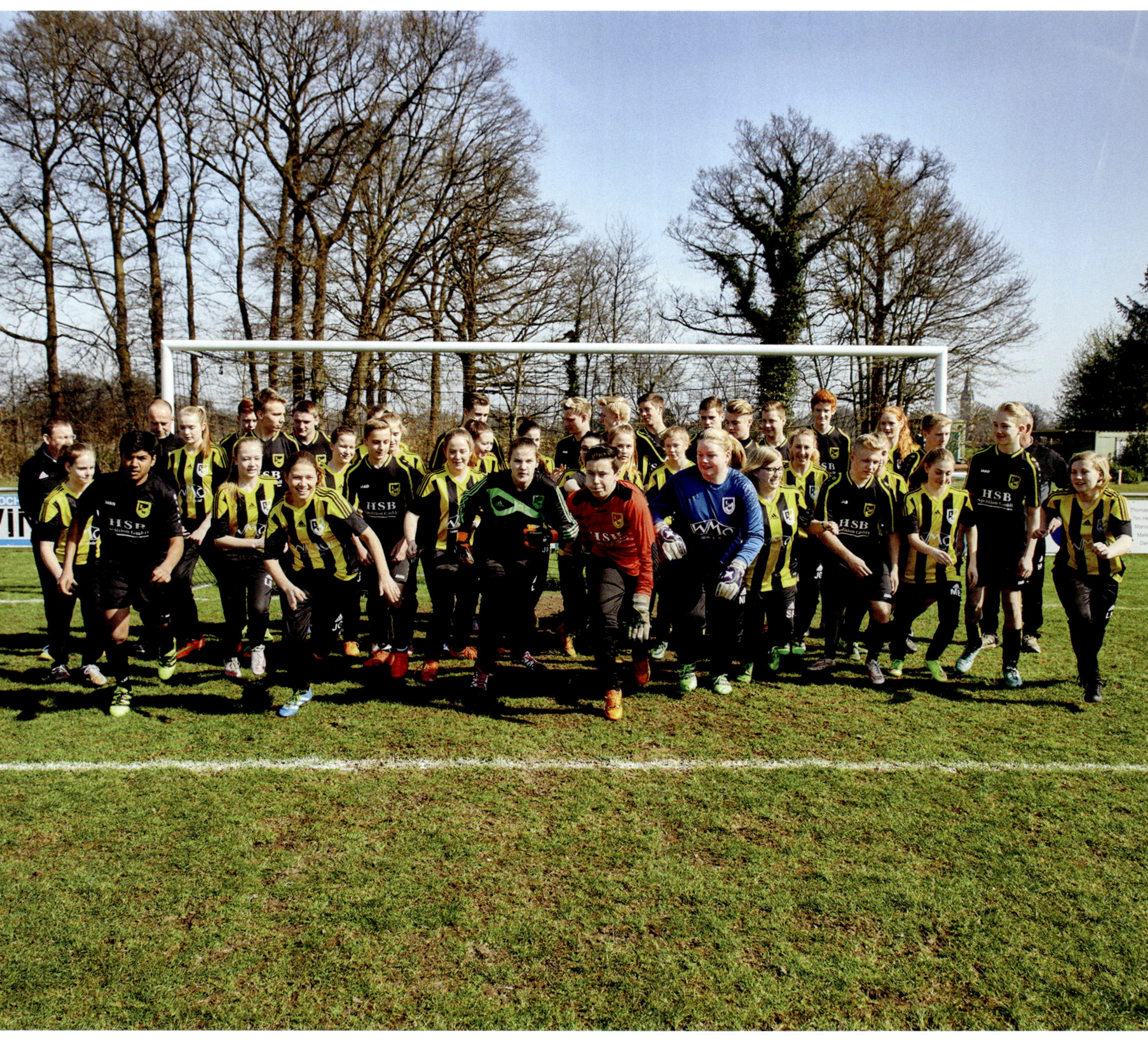

Wertebildung im Jugendfußball: erfolgreich in Verein, Abteilung und den Mannschaften zusammenarbeiten

Gleichzeitig gehören zur Wertebildung aber immer auch das Nachdenken über Werte und die bewusste Auseinandersetzung damit, was für uns selbst persönlich oder gemeinschaftlich wichtig ist. Nur so ist es möglich, das eigene Handeln zu reflektieren und gegebenenfalls zu korrigieren. Deshalb bietet TeamUp! viele Anregungen dazu, wie Werte erlebbar gemacht werden können und wertorientiertes Handeln eingeübt werden kann. Dazu gehört es, über Werte ins Gespräch zu kommen, gemeinsame Regeln zu vereinbaren sowie beispielsweise das Verhalten beim letzten Spiel auszuwerten.

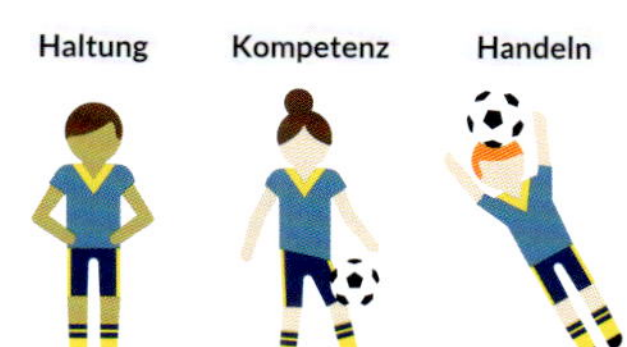

3 Ganzheitlich: Haltung, Kompetenz und Handeln fördern

TeamUp! setzt – wie bereits dargestellt (siehe Seite 14) – ganzheitlich an. Das Konzept fördert alle für die Wertebildung entscheidenden Aspekte: Haltung (welche Werte sind mir wichtig; für welche Werte stehe ich ein?), Kompetenz (welche Fähigkeiten brauche ich, um wertorientiert zu handeln?) und Handeln (wie verhalte ich mich – welche Werte lebe ich, wie gehe ich mit meinen Mitmenschen um?). Mit TeamUp! werden Werthaltungen gestärkt (wie Respekt und Teamgeist) und wichtige Kompetenzen (wie Empathie oder Kooperationsfähigkeit) gefördert, die es braucht, um Werte im eigenen Handeln zu leben. Schließlich unterstützt TeamUp! dabei, wertorientiertes Handeln einzuüben.

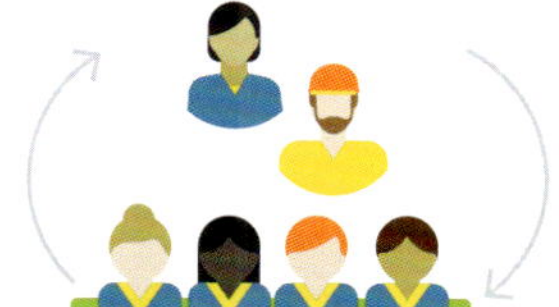

4 Partizipativ: Beteiligung und Dialog ermöglichen

Werte lassen sich nicht verordnen. Vielmehr eignen wir uns Werte an, indem wir uns aktiv mit ihnen auseinandersetzen und eigene Erfahrungen machen. TeamUp! ist deshalb darauf angelegt, Jugendliche und andere Beteiligte in vielfältiger Weise einzubinden – zum Beispiel durch Mitbestimmung bei der Gestaltung von Abteilungsaktivitäten wie Festen oder Ausflügen, durch die Wahl eines Mannschaftsrats, durch die Übernahme von Aufgaben in Training und Vereinsalltag oder bei der Konfliktlösung. Eine solche Beteiligung zahlt sich gleich mehrfach aus: Sie stärkt die Identifikation mit Vereins- und Mannschaftswerten und fördert Zusammenhalt, Engagement und Verantwortungsübernahme im Verein. Zugleich fördert sie die Persönlichkeitsentwicklung der jungen Spieler:innen. Denn durch Beteiligung werden soziale Kompetenzen (etwa kommunikative Fähigkeiten) sowie Werte und Kompetenzen demokratischer Verständigung (wie aktives Zuhören, Perspektivwechsel, eigenen Standpunkt begründen) eingeübt. Vor allem erfahren die Jugendlichen so Selbstwirksamkeit, was ihr Selbstvertrauen und ihr Verantwortungsgefühl stärkt.

Notizen

2 Was ist Wertebildung und warum ist sie im Jugendfußball wichtig?

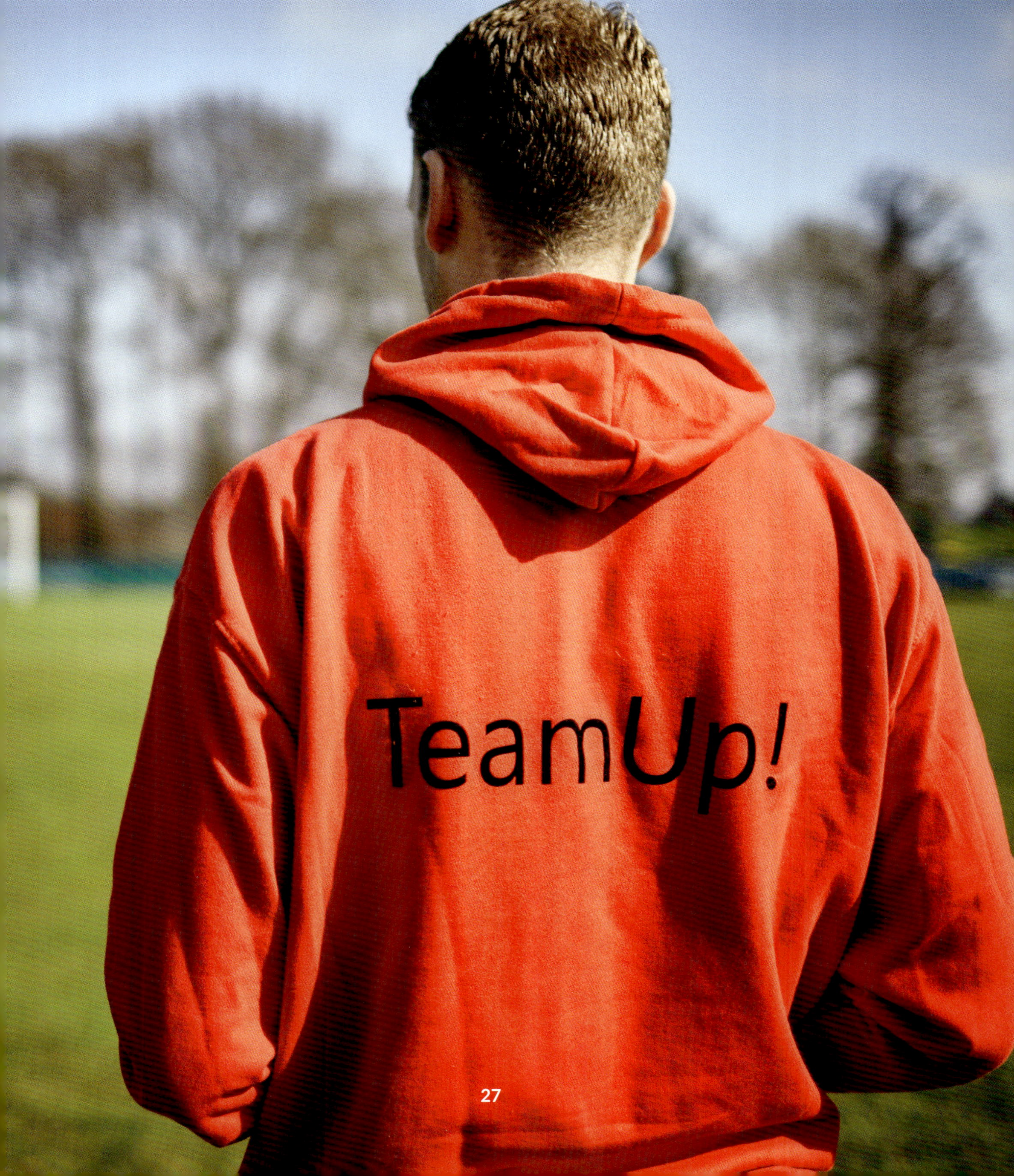

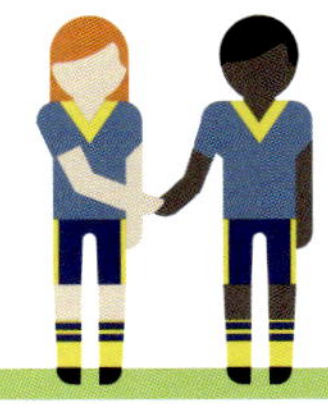

2.1 Was sind Werte?

Werte drücken aus, was uns wichtig ist. Sie sind Vorstellungen davon, was wir persönlich und gesellschaftlich für wünschenswert halten. Als solche geben sie uns Orientierung für unser Handeln und den Umgang miteinander. Sie helfen uns, Situationen und Handlungsoptionen zu bewerten, begründete Entscheidungen zu treffen und entsprechend zu handeln. Unsere persönlichen Wertvorstellungen sind wie ein Kompass, an dem wir unser Leben ausrichten. Sie prägen unsere Lebensweise und unsere Persönlichkeit. Die in einer Gruppe oder Gemeinschaft anerkannten und geteilten Werte wiederum geben Orientierung für das soziale Miteinander. Das gilt im Großen wie im Kleinen: in der Gesellschaft, im Verein oder in einer Mannschaft. Für das Zusammenleben in unserer Gesellschaft sind vor allem die im Grundgesetz und in den Kinder- und Menschenrechten verankerten demokratischen Grundwerte als Orientierungsrahmen bedeutend. Sie gelten für alle gesellschaftlichen Bereiche und auch für die Kinder- und Jugendarbeit. Dazu gehören unter anderem körperliche und psychische Unversehrtheit, Selbstbestimmung, Glaubens- und Meinungsfreiheit, Gleichberechtigung von Mann und Frau und die Gleichwertigkeit aller Menschen. Viele für den Fußball bedeutende Werte wie Respekt, Gewaltfreiheit oder Fairness lassen sich von den demokratischen Grundwerten ableiten.

Ein weiterer Aspekt ist bei Werten bedeutend: Werte sind keine abstrakten Begriffe. Sie werden durch das, was wir persönlich mit ihnen verbinden, sehr konkret. Durch die Bedeutung, die sie für uns haben, füllen wir sie mit Leben. Deshalb kann ein Wert für verschiedene Leute auch Unterschiedliches bedeuten. Außerdem halten Menschen die einzelnen Werte auch für unterschiedlich wichtig. Das zeigt sich vor allem, wenn Werte in Konkurrenz zueinander geraten und gegeneinander abgewogen werden müssen. Dies wirkt sich auf das Miteinander aus: Werden Werte von den Mitgliedern einer Gruppe oder Gemeinschaft unterschiedlich interpretiert oder gewichtet, kann das zu Missverständnissen oder Konflikten führen. Zumindest erschwert es die gemeinsame Orientierung im alltäglichen Umgang miteinander. Besteht dagegen ein gemeinsames Verständnis davon, was ein bestimmter Wert konkret bedeutet, und ist auch geklärt, welchen Stellenwert er im Vergleich zu anderen Werten hat, dann können sich alle daran orientieren und ihr Verhalten daran ausrichten.

Beim Lernen und Leben von Werten geht es deshalb immer auch darum, sich mit der Bedeutung und der Wichtigkeit, die wir und andere einem Wert beimessen, auseinanderzusetzen. Um Werte wie Fairness, Verantwortung oder Teamgeist gemeinsam zu leben – etwa in einer Familie, Mannschaft oder in einem Verein –, ist es nötig, ein gemeinsames Verständnis davon herzustellen. Man muss darüber sprechen, wie der jeweilige Wert im Alltag verstanden und gelebt werden soll, woran erkennbar ist, dass er umsetzt wird, und auch, wie wichtig der Wert im Vergleich zu anderen Werten ist. Erst wenn dieses geteilte Verständnis hergestellt ist, können die Einzelnen ihr Handeln so daran ausrichten, dass das Miteinander gelingt. Das lässt sich am Beispiel Fairness verdeutlichen. Im Fußball ist das unbestritten ein wichtiger Wert, aber was damit in Bezug auf ein konkretes Verhalten im Sport gemeint ist und wo die Grenzen zu ziehen sind zwischen unfairem Spiel und erlaubter Attacke, darüber muss man sich verständigen. Nur so kann eine gemeinsame Orientierung im Umgang miteinander entstehen.

Werte – gut zu wissen

Werte drücken aus, was uns wichtig ist. Sie sind Vorstellungen davon, was wir persönlich und gesellschaftlich für wünschenswert halten. Als solche geben sie uns Orientierung für unser Handeln und den Umgang miteinander.

Werte werden durch das, was wir mit ihnen verbinden, konkret. Ein Wert kann für verschiedene Menschen Unterschiedliches bedeuten und unterschiedlich wichtig sein.

Um einen Wert gemeinsam zu leben und sich im Umgang miteinander an ihm zu orientieren, braucht es eine Verständigung darüber, was er konkret bedeutet und wie wichtig er (im Verhältnis zu anderen Werten) ist.

2.2 Welche Werte sind Ihnen wichtig?

Wer glaubwürdig und wirksam Wertebildung von Jugendlichen fördern will, sollte zunächst für sich selbst klären, worauf es ihm oder ihr im Leben ankommt und was er oder sie an die Spieler:innen weitergeben will. Denn erst das eigene Bewusstsein dafür macht es möglich, das eigene Handeln gezielt daran auszurichten und auch zu hinterfragen.

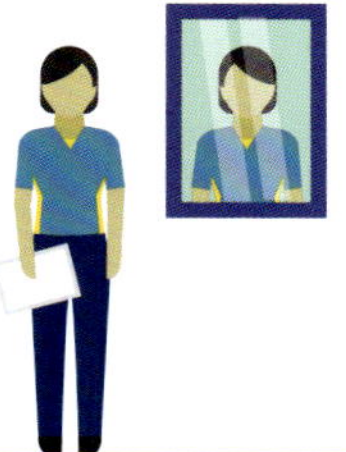

Reflexion: Werte, die mir wichtig sind

Die nachfolgende Wertereflexion soll Sie dazu anregen, sich intensiver mit den Werten auseinanderzusetzen, die Ihnen persönlich wichtig sind. Sie enthält unter anderem Werte, die Teilnehmer:innen sowie Referenten und Referentinnen in den TeamUp!-Lehrgängen in die Diskussion und bei Brainstormings eingebracht haben. Die Liste ist nicht umfassend und auch nicht systematisch, aber sie orientiert sich an Zusammenstellungen, die auch in anderen Wertetrainings eingesetzt werden. Werte, die Ihnen wichtig sind und die Sie hier vermissen, können Sie ergänzen.

Werte	Allgemeine Bedeutung
In dieser Spalte finden Sie Werte, die in unserer Gesellschaft eine Rolle spielen.	Je nach Perspektive variiert die Bedeutung, die ein Wert für einen Menschen hat. Verstehen Sie die Inhalte in dieser Spalte als allgemeine Erläuterungen, nicht als Definitionen.
Akzeptanz	jemanden oder etwas anerkennen, annehmen, akzeptieren, so wie jemand oder etwas ist
Anerkennung	andere Menschen und ihre Leistungen achten, sie wertschätzen und würdigen
Ausgeglichenheit	mit sich selbst im Reinen sein, in sich ruhen, zufrieden sein
Authentizität	in Übereinstimmung mit sich selbst sein, unverstellt sein, echt sein
Begeisterung	unbedingt für etwas brennen
Dankbarkeit	wertschätzen, was man hat
Ehrlichkeit	aufrichtig sein
Entwicklung	persönlich, körperlich oder geistig wachsen, sich selbst und die eigenen Fähigkeiten entwickeln
Erfolg	gesteckte Ziele erreichen
Fairness	anständig sein; gerechte, ehrliche Haltung anderen gegenüber
Familie	das private Familienleben hat eine hohe persönliche Bedeutung
Freiheit	unabhängig und ohne Zwänge sein, selbst entscheiden können, sich entfalten können
Freude	sich über jemanden oder etwas freuen, glücklich gestimmt sein
Frieden	gewaltfrei und ohne Spannungen leben, in Harmonie leben
Gelassenheit	eine ruhige, ausgeglichene, offene Haltung einnehmen
Gemeinschaft	sich zugehörig fühlen

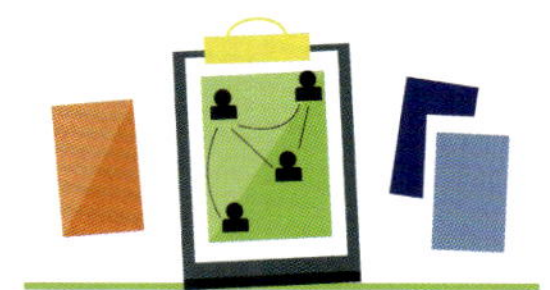

Werte	Allgemeine Bedeutung
In dieser Spalte finden Sie Werte, die in unserer Gesellschaft eine Rolle spielen.	Je nach Perspektive variiert die Bedeutung, die ein Wert für einen Menschen hat. Verstehen Sie die Inhalte in dieser Spalte als allgemeine Erläuterungen, nicht als Definitionen.
■ **Gerechtigkeit**	fair sein, alle Menschen gleich behandeln, unparteiisch sein, angemessen handeln
■ **Gesundheit**	körperliche und seelische Unversehrtheit
■ **Gewaltfreiheit**	keine körperliche oder verbale Gewalt zulassen oder ausüben
■ **Gleichheit**	alle Menschen gleich(wertig) behandeln und als gleichwertig ansehen
■ **Hilfsbereitschaft**	Bereitschaft, andere zu unterstützen
■ **Identifikation**	sich selbst in etwas oder jemandem wiederfinden, mit etwas oder jemandem übereinstimmen
■ **Integration**	alle beteiligen und mitnehmen
■ **Integrität**	entsprechend den eigenen Überzeugungen handeln: sagen, was man tut, und tun, was man sagt
■ **Kontinuität**	nach Dauer/Beständigkeit streben
■ **Kooperation**	miteinander arbeiten
■ **Leidenschaft**	große Begeisterung für etwas haben, sich engagiert einsetzen
■ **Leistung**	sich für ein Ziel einsetzen, durch Einsatz zum Erfolg kommen
■ **Loyalität**	sich selbst und anderen treu sein
■ **Menschlichkeit**	das Verbindende zwischen allen Menschen sehen, human handeln, empathisch sein
■ **Miteinander**	gemeinschaftlich agieren, Zusammenhalt leben, in Beziehung sein
■ **Mut**	ohne Furcht sein, wo man eigentlich Angst haben könnte; sich etwas trauen

Werte	Allgemeine Bedeutung
In dieser Spalte finden Sie Werte, die in unserer Gesellschaft eine Rolle spielen.	Je nach Perspektive variiert die Bedeutung, die ein Wert für einen Menschen hat. Verstehen Sie die Inhalte in dieser Spalte als allgemeine Erläuterungen, nicht als Definitionen.
■ **Nachhaltigkeit**	auf lang anhaltende, positive Wirkung abzielen
■ **Nähe**	jemandem nah sein, Beziehungen pflegen
■ **Offenheit**	sich mit anderen unvoreingenommen auseinandersetzen, anderen Menschen und Meinungen ohne Vorbehalte begegnen, für Neues und Veränderungen aufgeschlossen sein
■ **Partizipation**	sich aktiv einbringen, teilhaben, mitbestimmen und Teilhabe ermöglichen
■ **Realismus**	die Wirklichkeit im Blick haben, sich erreichbare Ziele setzen
■ **Respekt**	wertschätzend mit anderen Menschen und Meinungen umgehen, Achtung vor jemandem oder etwas haben
■ **Selbstbestimmung**	frei und eigenständig entscheiden und handeln, autonom agieren
■ **Sicherheit**	geschützt sein vor Gefahr, Gefährdungen oder Schaden
■ **Solidarität**	einander verbunden sein, sich gegenseitig unterstützen, zusammenhalten und sich füreinander verantwortlich fühlen, füreinander einstehen
■ **Teamgeist**	zusammenhalten, kooperieren, sich für gemeinsame Interessen einsetzen, füreinander einstehen, gemeinsam handeln
■ **Teilhabe**	teilnehmen, mitmachen, an etwas mitwirken, sich einbringen können
■ **Toleranz**	andere Meinungen gelten lassen, andere Lebensweisen dulden
■ **Unabhängigkeit**	frei sein, nicht gebunden sein
■ **Veränderung**	sich weiterentwickeln, etwas Bestehendes durch Neues ersetzen, fortschreiten

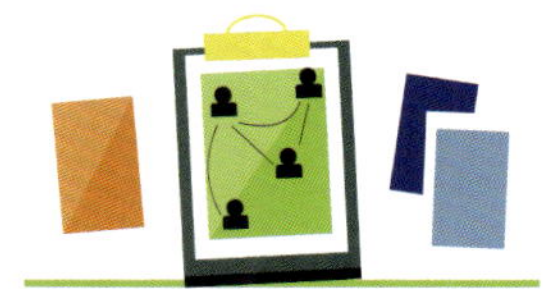

Werte	Allgemeine Bedeutung
In dieser Spalte finden Sie Werte, die in unserer Gesellschaft eine Rolle spielen.	Je nach Perspektive variiert die Bedeutung, die ein Wert für einen Menschen hat. Verstehen Sie die Inhalte in dieser Spalte als allgemeine Erläuterungen, nicht als Definitionen.
■ **Verantwortung**	für das eigene Handeln und dessen Konsequenzen einstehen, zu einer Sache oder Handlung stehen
■ **Verbindlichkeit**	sich an Absprachen halten
■ **Verlässlichkeit**	vertrauenswürdig und zuverlässig sein
■ **Vertrauen**	aneinander glauben, aufeinander bauen können, sich aufeinander verlassen
■ **Akzeptanz von Vielfalt**	Unterschiede akzeptieren oder sogar als Bereicherung ansehen
■ **Wachstum**	größer werden, durch Herausforderungen stärker werden
■ **Wertschätzung**	andere achten und anerkennen
■ **Zuverlässigkeit**	verlässlich und zuverlässig sein und handeln
■ **Zusammenarbeit**	gemeinschaftlich eine Aufgabe lösen und/oder Ziele erreichen

Notizen

Reflexion

Welche Werte sind Ihnen persönlich besonders wichtig und warum? Was bedeuten diese Werte für Sie konkret im Alltag (z. B. in Familie, Beruf, Freundeskreis, Verein)?	Wodurch sind diese Werte Ihnen wichtig geworden (z. B. durch Erlebnisse, Entscheidungen, Erfahrungen, Personen ...)?

Reflexion

Welche Werte sind Ihnen persönlich besonders wichtig und warum? Was bedeuten diese Werte für Sie konkret im Alltag (z. B. in Familie, Beruf, Freundeskreis, Verein)?	Wodurch sind diese Werte Ihnen wichtig geworden (z. B. durch Erlebnisse, Entscheidungen, Erfahrungen, Personen …)?

Notizen

 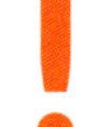

Tipps zum Thema

1. Stellen Sie sich selbst eine Erinnerung in Ihren Kalender ein für einen Zeitpunkt in einer Woche, einem Monat und drei Monaten. Fragen Sie sich dann: Sind Ihnen die eigenen Werte bewusster geworden? Hat sich etwas verändert in der Wahrnehmung Ihrer Werte?

2. Nehmen Sie sich einen Wert vor, der Ihnen besonders wichtig ist, und leben Sie ihn bewusst im Alltag während einer Woche oder einem Monat. Achten Sie beispielsweise darauf, in einer Woche besonders respektvoll zu sein.

3. Führen Sie ein Werte-Tagebuch und nehmen Sie sich abends oder einmal in der Woche fünf Minuten Zeit, um zu notieren, in welchen Situationen der zurückliegenden Tage Sie welche Werte gelebt haben.

Notizen

2.3 Wie lernen wir Werte?

Welche Werte uns persönlich wichtig sind, hat damit zu tun, wie wir aufgewachsen sind und erzogen wurden, und reicht weit zurück in die Kindheit. Werte bilden sich im Laufe unserer Persönlichkeitsentwicklung, indem wir Erfahrungen machen und uns mit unseren eigenen Vorstellungen und denen unserer Mitmenschen auseinandersetzen. Schon als Kinder werden wir früh mit den Moral- und Wertvorstellungen unserer Umwelt konfrontiert: Was ist richtig, was falsch? Was ist gut, was schlecht? Dies geschieht in der Familie, in Kita und Schule, aber auch im Freundeskreis und Sportverein. Hier werden Werte im alltäglichen Umgang gelebt, vorgelebt und ausgehandelt. Beeinflusst durch diese Erfahrungen und die Reflexion darüber entwickeln wir eigene Wertvorstellungen.

Eine besondere Rolle für die Entwicklung von Werthaltungen spielt die Qualität von Beziehungen etwa zu Eltern, Familie, Freunden und Freundinnen, Lehrkräften sowie Mitschülerinnen und Mitschülern. Wie wertschätzend wir diese Beziehungen erleben, entscheidet mit darüber, ob und in welchem Maße wir soziale Werte als wichtig erachten.

Viele Werte, die wir in unserer Kindheit und Jugend verinnerlicht haben, bleiben für uns im Erwachsenenalter wichtig. Doch kann sich die Bedeutung, die wir einzelnen Werten beimessen, je nach Lebensphase und Situation auch verändern. Nicht zuletzt beeinflusst die Auseinandersetzung mit den Sichtweisen anderer unsere Wertvorstellungen. Dieser lebenslange Prozess der sich bildenden und verändernden, aber auch gelebten Werte wird Wertebildung genannt.

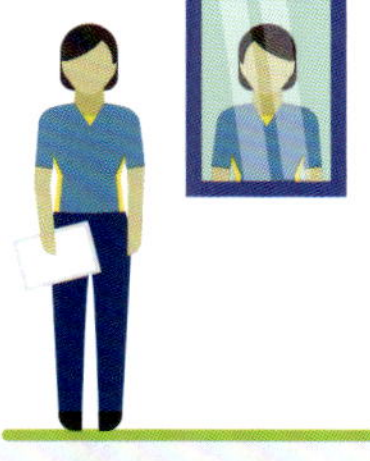

Reflexion

Denken Sie an Ihre Kindheit und Jugend.

- Bei wem haben Sie welche Werte erfahren?
- Wer war in Bezug auf einen Wert ein wichtiges Vorbild?
- Welche Personen, Erfahrungen oder Erlebnisse in Ihrem Leben waren prägend?
- Gibt es Werte, die im Laufe Ihres Lebens an Bedeutung gewonnen oder verloren haben?

2.4 Was ist Wertebildung?

Wertebildung ist Teil der Persönlichkeitsentwicklung. Vereinfacht ausgedrückt meint sie das Lernen und Leben von Werten und findet – wie oben beschrieben – vor allem in Kindheit und Jugend statt. Sie ist allerdings ein komplexer Prozess. Menschen setzen sich aktiv mit ihrer Umwelt und den vielfältigen Wertvorstellungen, die ihnen hier begegnen, auseinander. Sie erleben und reflektieren Werte und entwickeln dabei eigene Wertvorstellungen sowie Kompetenzen, um entsprechend der eigenen Werte zu handeln. Insofern ist Wertebildung ein ganzheitlicher Prozess: Sie umfasst Haltungen (was ist mir wichtig, für welche Werte trete ich ein?), Kompetenzen (welche Fähigkeiten brauche ich, um meine Werte zu leben?) und Handeln (wie verhalte ich mich und welche Werte lebe ich; wie gehe ich mit meinen Mitmenschen um?).

Zu den Kompetenzen für wertorientiertes Handeln zählen eine Reihe von Fähigkeiten – etwa Probleme zu lösen, Konflikte friedlich zu regeln und mit anderen zusammenzuarbeiten. Aber auch Empathie und die Fähigkeit zur Perspektivübernahme, Dialog- und Beziehungsfähigkeit sowie (Selbst-)Reflexions- und Urteilsfähigkeit gehören dazu. Ebenfalls wichtig – gerade auch im Sport – ist Frustrationstoleranz. All dies sind grundlegende persönliche und soziale Kompetenzen, die im Laufe der Persönlichkeitsentwicklung und im Zuge von Wertebildung erworben werden. Die Weltgesundheitsorganisation (WHO) spricht auch von Lebenskompetenzen (siehe Seite 15).

Instanzen wie Familie, Kita, Schule und Vereine haben großen Einfluss auf die Wertebildung von Kindern und Jugendlichen. Sie können sie darin unterstützen, solche Werthaltungen auszubilden, die ihnen ermöglichen, sich zu selbstbestimmten, gemeinschaftsfähigen, verantwortungsvollen und lebenskompetenten Persönlichkeiten zu entwickeln. Ziel von Bildungseinrichtungen wie Kita, Schule oder Jugendarbeit ist vor allem, demokratische Werthaltungen und soziale Kompetenzen beziehungsweise Lebenskompetenzen – wie die oben genannten – zu fördern.

So verstanden, trägt Wertebildung dazu bei, ein gelingendes und verantwortungsvolles Leben zu führen, an der Gesellschaft teilzuhaben und sich für ein demokratisches Miteinander in Vielfalt einzusetzen. Wer die Wertebildung von Kindern und Jugendlichen in diesem Sinne versteht und unterstützt, fördert also wichtige persönliche, soziale und demokratische Kompetenzen.

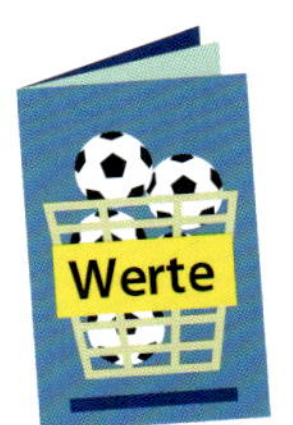

Warum wir von Wertebildung und nicht von Wertevermittlung sprechen

Wir verwenden bewusst den Begriff der Wertebildung und nicht den der Wertevermittlung – auch wenn dieser alltagssprachlich geläufiger ist. Gegen ihn ist auch nichts einzuwenden, solange damit nicht die Vorstellung verbunden ist, Werte ließen sich beibringen oder vorschreiben. Genau das funktioniert nämlich nicht. Im Begriff »Wertevermittlung« schwingt aber häufig diese Vorstellung mit. Davon grenzen wir uns bei TeamUp! bewusst ab und ziehen deswegen den Begriff »Wertebildung« vor. Der Wortbestandteil »Bildung« macht deutlich, dass es sich beim Lernen und Leben von Werten um einen komplexen, interaktiven Prozess handelt. Werte bilden sich in der aktiven Auseinandersetzung jedes und jeder Einzelnen mit seiner/ihrer Umwelt, durch die Interaktion mit anderen Menschen und vor allem durch das Erleben und Reflektieren von Werten. Kurzum: (Junge) Menschen eignen sich selbstständig Werte an. Zugleich verweist der Bildungsbezug darauf, dass dieser Prozess pädagogisch – durch Erziehung – begleitet und unterstützt werden kann.

Lesetipps

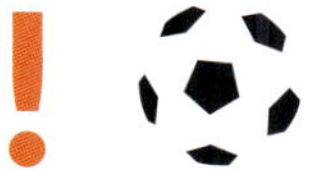

- Bertelsmann Stiftung (Hrsg.) (2016). *Werte lernen und leben.* Gütersloh.
- Tegeler, Julia, und René Märtin (2017). *Leitlinien für die Wertebildung mit Kindern und Jugendlichen.* Gütersloh.

2.5 Warum hat Wertebildung im Jugendfußball ihren Ort?

Dem Thema »Werte« kommt in der Jugendarbeit generell und daher auch im Jugendfußball eine enorme Bedeutung zu. Im Alter von sechs bis zwölf Jahren entwickelt ein Kind Gewissen, Moral und eine Werteskala. Es lernt, was als richtig und falsch, gut oder weniger gut wahrgenommen wird. Zwischen zwölf und 18 Jahren bilden junge Menschen ein Wertebewusstsein aus, das heißt, sie haben eigene und sehr persönliche Vorstellungen davon, was ihnen wichtig ist. Ihr entstehender ethischer Kompass ist ihnen sehr bewusst und sie versuchen, danach zu leben. Jugendliche befinden sich also in der Lebensphase, in der die – auch kritische – Auseinandersetzung mit Werten eine besondere Rolle spielt, weil es nur so gelingen kann, zu sich selbst zu finden und authentisch zu werden.

TeamUp! bietet viele Möglichkeiten, die Wertebildung von Jugendlichen zu unterstützen.

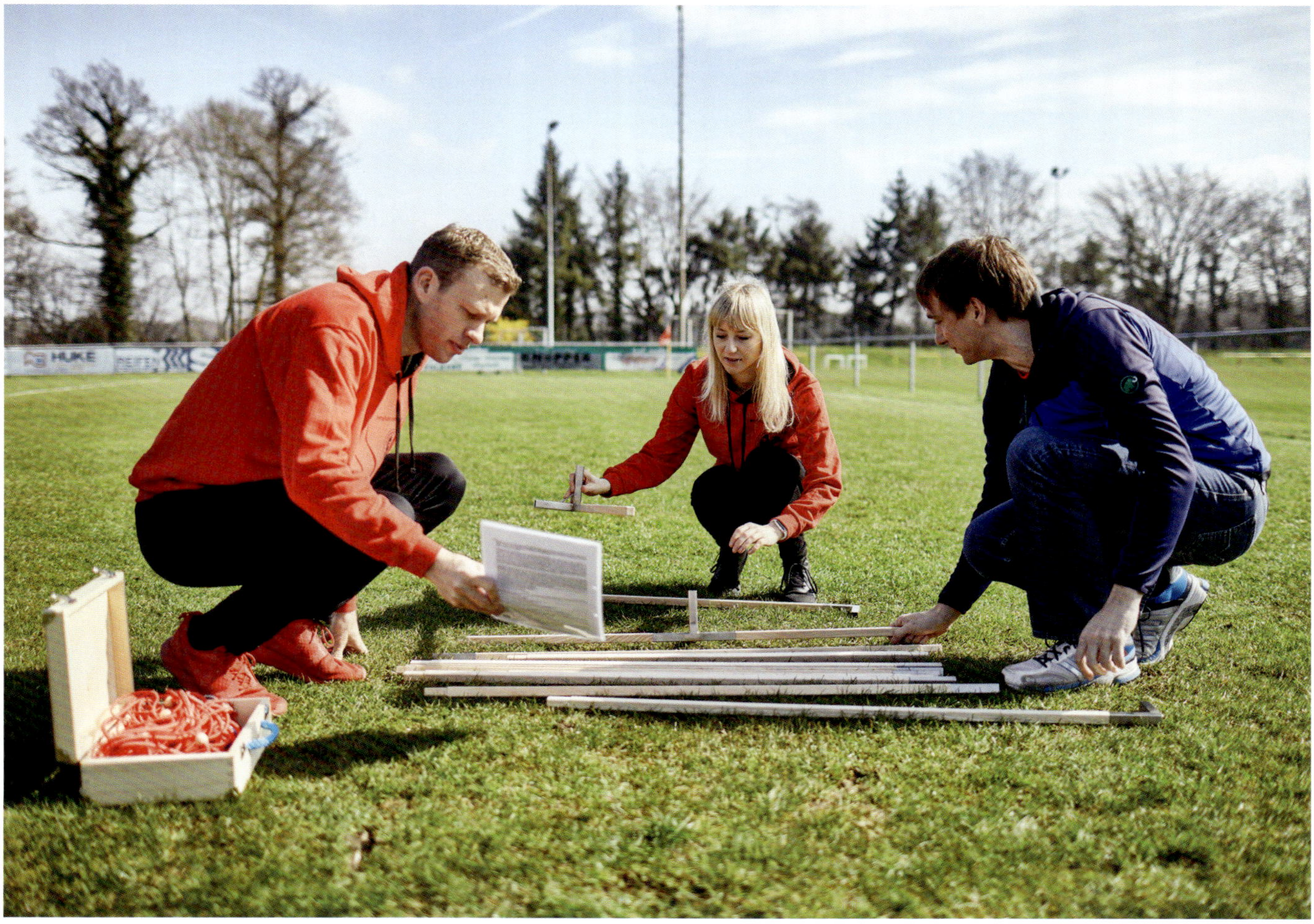

Diese Entwicklung eigener Werthaltungen vollzieht sich in allen Alltagsbereichen der Jugendlichen – somit auch im Fußballverein. Viele Jugendliche verbringen hier ihre Freizeit und sammeln vielfältige Erfahrungen, die auf ihre Wertebildung Einfluss haben: Sie messen sich sportlich mit anderen, siegen und verlieren, erleben Gemeinschaft und Freundschaft, gestalten das Miteinander im Team. Im besten Fall erfahren sie Selbstwirksamkeit – das heißt, sie erleben sich zum Beispiel als fähig, Konflikte auszuhalten, aber auch friedlich und selbstbewusst zu regeln; sie lernen, Niederlagen zu akzeptieren, Rücksicht und Mitgefühl zu pflegen sowie Verantwortung zu übernehmen und tolerant gegenüber Meinungen zu sein, die sie nicht teilen, und sich fair und respektvoll gegenüber anderen zu verhalten. Jugendfußball ist also ein wichtiger Ort der Wertebildung in einer sehr entscheidenden Lebensphase. Dazu kommt: Die Jugendlichen sind (zumeist) freiwillig da und bringen eine hohe Eigenmotivation mit. Als Jugendleiter:in können Sie diesen Prozess des Wertelernens unterstützen – und das sollten Sie auch. Denn damit fördern Sie sowohl die Persönlichkeitsentwicklung Ihrer Jugendspieler:innen als auch ein gutes Miteinander neben und auf dem Platz.

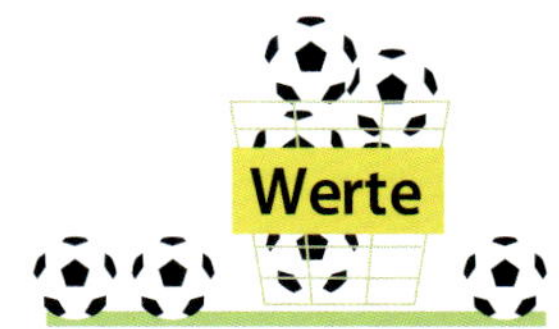

2.6 Wie lässt sich Wertebildung im Jugendfußball unterstützen?

Im Grunde hat jede Situation, in der Sie mit Jugendlichen in Kontakt kommen und interagieren, Einfluss auf deren Wertebildung. Das bedeutet Verantwortung, ist aber vor allem auch eine Chance. Denn dadurch bieten sich unzählige Anlässe, die als Lerngelegenheiten für Wertebildung dienen können. Das fängt beim Umgang miteinander auf und neben dem Platz an – etwa wenn es um das Zusammenspiel im Team geht oder um faires Verhalten gegenüber Mitspieler:innen und Gegner:innen. Auch die Aufnahme eines Neuzugangs in den Verein oder Meinungsverschiedenheiten im Team können Anknüpfungspunkte für das Lernen und Leben von Werten sein. Die Übertragung von Aufgaben an Jugendspieler:innen im Vereinsalltag wiederum stärkt deren Verantwortungsgefühl. Die gemeinsame Verabredung, bei Teamsitzungen alle zu Wort kommen zu lassen, fördert respektvolles Verhalten. Konstruktives Feedback sorgt für einen offenen, vertrauensvollen Umgang, teambildende Übungen stärken den Teamgeist und die Bereitschaft, verschiedene Sichtweisen zuzulassen, fördert Offenheit und Toleranz. Kurzum: Der Fußballalltag bietet zahlreiche Gelegenheiten, um die Wertebildung der Jugendlichen zu unterstützen.

Nutzen Sie diese und sensibilisieren Sie auch die Trainer:innen und weiteren Verantwortlichen im Jugendbereich dafür. Machen Sie Werte zum Thema. Gehen Sie dabei auf die Lebenswelt der Jugendlichen ein, indem Sie an ihre besonderen Erfahrungen, Interessen und Bedürfnisse anknüpfen und damit verbundene Wertefragen oder -konflikte aufgreifen. Ein umstrittenes Foul in der Bundesliga am vergangenen Spieltag oder ein gutes mannschaftliches Defensivverhalten eignen sich dafür genauso wie die Frage, welche Priorität der Fußball in der Freizeitgestaltung der Jugendlichen haben sollte oder inwieweit sich die jungen Spieler:innen über

Entwicklungsaufgaben nach Havighurst (1982)

Mittlere Kindheit (6–12 Jahre)	Adoleszenz (12–18 Jahre)	Frühes Erwachsenenalter (18–30 Jahre)
Erlernen körperlicher Geschicklichkeit, die für gewöhnliche Spiele notwendig ist	Neue und reifere Beziehungen zu Altersgenossen beiderlei Geschlechts aufbauen	Auswahl eines Partners
Aufbau einer positiven Einstellung zu sich als einem wachsenden Organismus	Übernahme der männlichen oder weiblichen Geschlechtsrolle	Mit dem Partner leben lernen
Lernen, mit Altersgenossen zurechtzukommen	Akzeptieren der eigenen körperlichen Erscheinung	Gründung einer Familie
Erlernen eines angemessenen männlichen oder weiblichen Rollenverhaltens	Emotionale Unabhängigkeit von den Eltern und von anderen Erwachsenen	Versorgung und Betreuung der Familie
Entwicklung grundlegender Fertigkeiten im Lesen, Schreiben und Rechnen	Vorbereitung auf Ehe und Familienleben	Ein Heim schaffen, den Haushalt organisieren
Entwicklung von Konzepten und Denkschemata, die für das Alltagsleben notwendig sind	Vorbereitung auf berufliche Karriere	Berufseinstieg
Entwicklung von Gewissen, Moral und einer Werteskala	Werte und ein ethisches System erlangen, das als Leitfaden für das Verhalten dient	Verantwortung als Staatsbürger ausüben
Erreichen persönlicher Unabhängigkeit	Sozial verantwortliches Verhalten erstreben und erreichen	Eine angemessene soziale Gruppe finden
Entwicklung von Einstellungen gegenüber sozialen Gruppen und Institutionen		

Quellen: Bertelsmann Stiftung (2016); Lösel und Ott (2010)

das bloße Training hinaus im Verein engagieren wollen. Thematisieren Sie Werte aber nicht nur, sondern tragen Sie auch dazu bei, dass Werte im Vereinsalltag gemeinsam gelebt werden. Als Jugendleiter:in kommt Ihnen hier eine besondere Rolle zu. Denn Sie gestalten die Rahmenbedingungen der Jugendarbeit im Verein, haben Einfluss auf die Jugendtrainer- und die Elternarbeit und sind schließlich auch selbst Vorbild für die Jugendlichen.

Machen Sie sich deshalb immer wieder bewusst, wo im Fußballalltag Werte gelebt werden können – sei es im eigenen vorbildlichen Verhalten, an dem sich die Jugendlichen orientieren, oder indem Sie den Jugendlichen den Raum geben, im direkten Umgang miteinander wertorientiertes Handeln einzuüben. Sowohl die bewusste Auseinandersetzung mit Werten im Gespräch als auch das Erleben von Werten durch Vorbilder oder durch eigenes Handeln sind für die Wertebildung wesentlich. Allen Verantwortlichen (wie Trainer:innen und Jugendleiter:innen) kommt die Rolle zu, beides zu unterstützen, das heißt, Wertebildung direkt und indirekt zu fördern.

Direkte Wertebildung

Direkte Wertebildung zielt darauf ab, über Werte ins Gespräch zu kommen, die bewusste Auseinandersetzung mit ihnen zu fördern und Jugendlichen so einen reflektierten Zugang zu wertebezogenem Handeln zu verschaffen. Werte können im sportlichen Alltag auf unterschiedlichste Weise thematisiert werden. Anlässe dafür gibt es genug, etwa wenn Konfliktsituationen auf dem Platz entstehen. In der diskursiven Auseinandersetzung darüber lernen die Jugendlichen, sich einzubringen, Verantwortung zu übernehmen, Meinungsverschiedenheiten auszuhandeln, Rückmeldungen zu geben, ihr eigenes Verhalten zu reflektieren und auch die Perspektive zu wechseln.

Indirekte Wertebildung

Indirekte Wertebildung zielt darauf ab, Werte für die Jugendlichen erlebbar und erfahrbar zu machen. Das kann einerseits erreicht werden, indem in der Jugendabteilung Werte vorgelebt werden. Dabei ist es entscheidend, dass sich Jugendleiter:innen, Trainer:innen und Betreuer:innen ihrer eigenen Rolle als Vorbild bewusst sind, diese reflektieren und im Umgang mit den Jugendlichen eine wertorientierte, authentische Haltung einnehmen. Genauso wichtig ist andererseits das Handeln der Jugendlichen selbst: Je mehr Freiräume sie erhalten, sich auszuprobieren, Konflikte selbst zu regeln oder Herausforderungen gemeinsam zu bewältigen, desto eher haben sie die Möglichkeit, Werte im eigenen Handeln zu erleben und wertorientierte Erfahrungen zu machen.

Oft vermischen sich direkte und indirekte Wertebildung. Bei einer Konfliktbearbeitung etwa sprechen Sie einerseits direkt über den Konflikt und über die Werte, die davon berührt sind. Zugleich erleben die Jugendlichen sich in der Konfliktbearbeitung selbst und handeln nach Werten, die zu einer friedlichen Konfliktlösung beitragen – wie etwa Respekt, Gewaltfreiheit und Fairness. Auch in einem gemeinsamen Gespräch etwa über respektvolles Verhalten vollzieht sich beides. Hierbei wird nicht nur der Wert Respekt zum Thema gemacht, sondern er lässt sich auch erfahren, indem alle während des Gesprächs respektvoll miteinander umgehen, also sich etwa ausreden lassen und einander zuhören (siehe auch »Überblick: Das können Sie als Jugendleiter:in für die Wertebildung tun«, Seite 52).

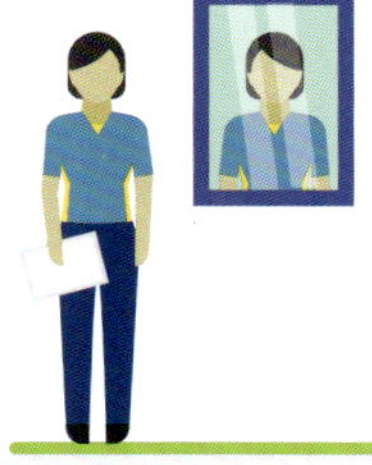

Reflexion

Denken Sie an das, was Sie zuletzt in der Jugendabteilung erlebt haben:

- Wo ging es versteckt um Werte (Gespräche, Verhalten)?
- Welche Anlässe für Wertebildung gab es?
- Wann haben Sie einen bestimmten Wert vorgelebt?
- Wann haben andere einen Wert gelebt (wertorientiert gehandelt)?

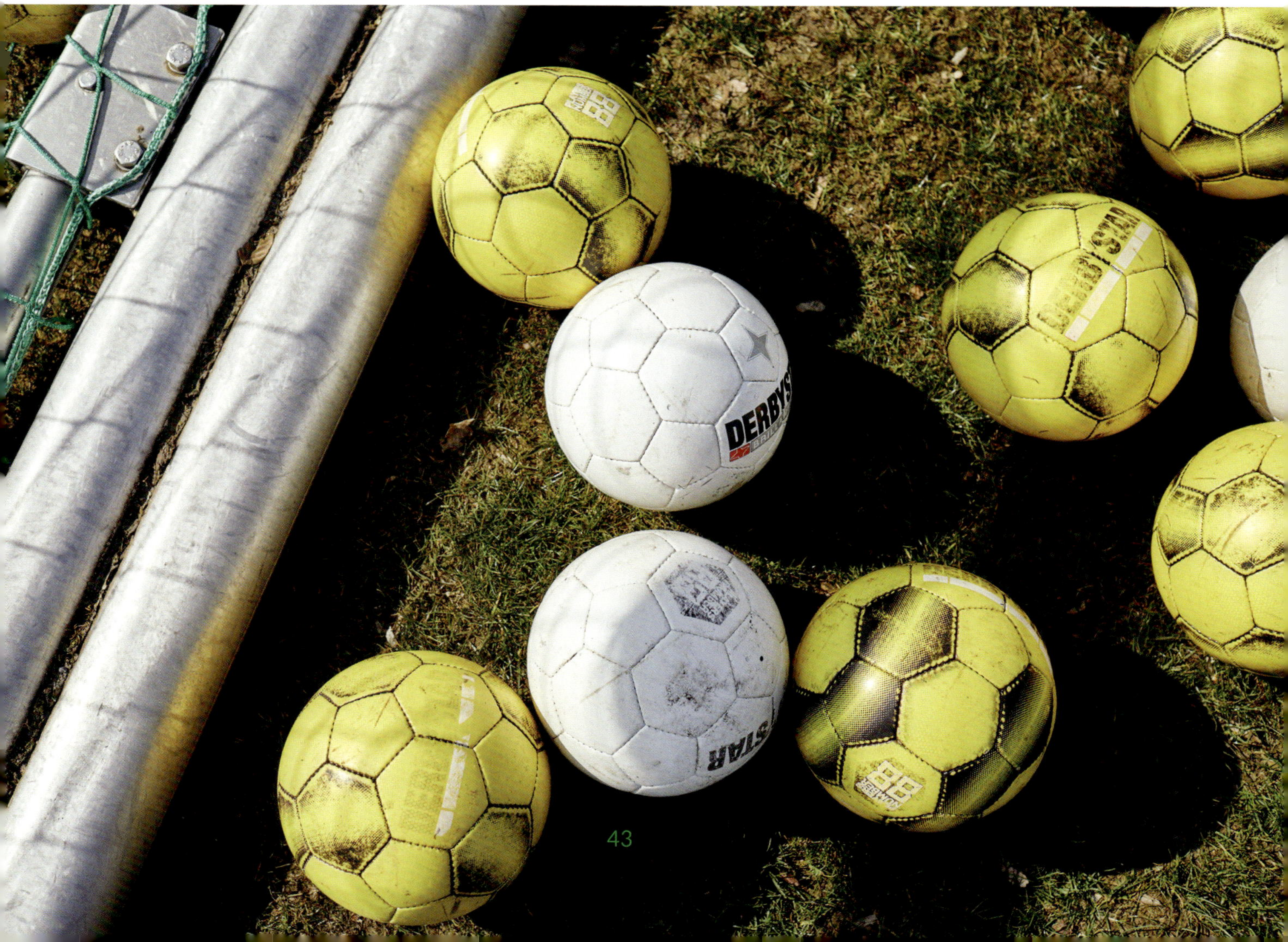

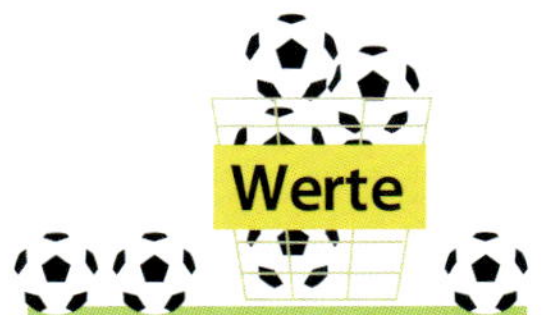

10 Empfehlungen für die Wertebildung im Jugendfußball

1 Bauen Sie **wertschätzende Beziehungen** auf und pflegen Sie diese – zwischen den unterschiedlichen Akteurinnen und Akteuren im Verein, vom Vorstand, über die Trainer:innen, Betreuer:innen und Eltern bis zu den Jugendspieler:innen.

2 Nehmen Sie Rücksicht auf die unterschiedlichen **Bedürfnisse** vor allem der Jugendlichen und Ihrer Jugendtrainer:innen – etwa indem Sie sie nicht unter- oder überfordern.

3 Regen Sie Trainer:innen, Jugendspieler:innen und weitere Verantwortliche im Jugendbereich dazu an, sich aktiv **mit Werten auseinanderzusetzen**: Was bedeutet beispielsweise Respekt für die verschiedenen Akteurinnen und Akteure, wie wichtig ist er aus ihrer Sicht für den Fußball und wie kann er gemeinsam im Alltag gelebt werden?

4 Wertebildung geschieht kooperativ: gemeinsam in Verein und Mannschaft – auf dem Platz und neben dem Platz. Suchen Sie nach Übungen und Settings, die die **Zusammenarbeit und Kooperationsfähigkeit** innerhalb der Abteilung fördern.

5 Ermuntern Sie die Trainer:innen, Übungen und Methoden einzusetzen, die neben der fußballerischen Kompetenz auch **soziale Kompetenzen** fördern, wie zum Beispiel Team-entwicklungsübungen oder Methoden zur gemeinsamen Konfliktlösung.

6 Machen Sie **Verantwortungsübernahme** zu einem wichtigen pädagogischen Prinzip in der Jugendabteilung. Jugendspieler:innen sollen Aufgaben übernehmen, an denen sie wachsen können, etwa in einem Spieler- oder Mannschaftsrat, in der Trainingsvorbereitung oder bei Vereinsaktivitäten.

7 Fördern Sie die **kommunikativen Kompetenzen** der Jugendlichen, indem Sie mit ihnen – gemeinsam mit den Trainer:innen – regelmäßig über Aspekte des Trainings, des Spielbetriebs oder der Mannschaftsentwicklung ins Gespräch kommen. Stellen Sie Fragen und ermuntern Sie die Jugendlichen, sich einzubringen.

8 Behalten Sie in **Konflikten** in der Jugendabteilung den Überblick und zeigen Sie sowohl Jugendtrainer:innen als auch Eltern und Jugendlichen, wie mit schwierigen Situationen umgegangen werden kann. Suchen Sie gemeinsam mit den Beteiligten nach **Lösungen**.

9 Beteiligen Sie gemeinsam mit Ihren Trainer:innen die Jugendlichen an grundlegenden Wertedebatten wie der Erstellung von Mannschaftsregeln oder Leitbildern. Führen Sie dort, wo **Mitbestimmung** sinnvoll und wichtig ist, demokratische Abstimmungsprozesse in die Jugendarbeit ein – etwa bei der Planung gemeinsamer Aktivitäten.

10 Die **Reflexion** ist für die Wertebildung entscheidend. Achten Sie darauf, dass Ihre Jugendtrainer:innen immer wieder mit den Jugendlichen über Erlebtes ins Gespräch kommen. Trainersitzungen können Sie gemeinsam mit dem Trainerteam die eigene Arbeit, Entwicklungen in den Mannschaften und bei den Jugendspieler:innen reflektieren.

Wichtige Begriffe auf einen Blick

Wertebildung ist Teil unserer Persönlichkeitsentwicklung. Vereinfacht ausgedrückt meint sie das Lernen und Leben von Werten. Genauer umfasst sie die Entwicklung von Werthaltungen (Welche Werte sind mir wichtig? Für welche Werte trete ich ein?), Kompetenzen (Welche Fähigkeiten brauche ich, um wertorientiert zu handeln?) und wertorientiertem Handeln (Wie verhalte ich mich? Welche Werte lebe ich? Wie gehe ich mit meinen Mitmenschen um?). Das ist ein komplexer Prozess. Wertebildung vollzieht sich in der aktiven Auseinandersetzung mit unserer Umwelt und vor allem, indem wir Werte erleben und reflektieren. Besonders in Kindheit und Jugend setzen wir uns mit unterschiedlichen Wertvorstellungen auseinander. Im Zuge dessen entwickeln wir eigene Wertvorstellungen sowie Kompetenzen im Umgang mit Werten und üben wertorientiertes Handeln ein. Wertebildung meint darüber hinaus auch die pädagogische Auseinandersetzung mit Werten im Rahmen von Erziehung.

Werte drücken aus, was uns wichtig ist. Sie sind konkrete Vorstellungen davon, was wir persönlich und gesellschaftlich für wünschenswert halten. Als solche geben sie uns Orientierung für unser Handeln, unsere Lebensführung und für den Umgang miteinander. Dabei können sie einen Ist-Zustand beschreiben, wenn wir sie schon leben, oder eine Zielvorstellung, die wir noch erreichen wollen. Werte bilden sich im Laufe der Persönlichkeitsentwicklung und prägen die Identität eines Menschen.

Die in einer Gesellschaft oder Gemeinschaft anerkannten und geteilten Grundwerte sind die Basis für den sozialen Zusammenhalt und Orientierungsmaßstäbe für die Gestaltung des sozialen Miteinanders.

Mit **Wertebewusstsein** ist die Fähigkeit zur Reflexion eigener und anderer Wertorientierungen gemeint.

Persönliche Werthaltungen sind persönliche Wertvorstellungen. Sie drücken aus, dass uns ein Wert wichtig ist, und sie beeinflussen, wie wir handeln. Im Ausdruck »Haltung zeigen« wird deutlich: In unserem Verhalten und Auftreten verkörpern wir bestimmte Werte, identifizieren uns mit ihnen und treten für sie ein.

Wertekompetenz umfasst ein ganzes Bündel an Fähigkeiten

Dazu zählt die Fähigkeit,

- sich mit unterschiedlichen, auch konkurrierenden Werten und Wertvorstellungen auseinanderzusetzen und konstruktiv mit der Vielfalt an Werten und daraus entstehenden Konflikten umzugehen;
- eigene Werthaltungen zu entwickeln, zu reflektieren, zu kommunizieren und (begründet) gegenüber anderen zu vertreten;
- Wertvorstellungen anderer nachzuvollziehen und in den Dialog mit einzubeziehen;
- begründet Werte zu bejahen oder abzulehnen;
- wertbezogene Entscheidungen zu treffen und mit Argumenten zu vertreten;
- Wertekonflikte auszuhalten, zu bewältigen sowie fair, friedlich und kooperativ zu regeln;
- wertorientiert zu handeln.

Das Zusammenspiel aus Wertebewusstsein, Werthaltungen und Wertekompetenz ist schließlich die Voraussetzung für **wertorientiertes Handeln**, also dafür, dass wir unsere persönlichen Werte auch tatsächlich leben.

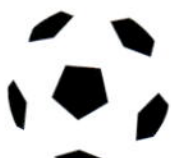

Beispiel

Tom ist Respekt (Wert) sehr wichtig. Dieser Wert wurde ihm schon früh in der Familie vorgelebt. Er versteht darunter, auch andere Ansichten gelten zu lassen. Er weiß zudem, dass anderen Respekt nicht so wichtig ist wie ihm oder dass sie ein anderes Verständnis davon haben, was es bedeutet, sich respektvoll zu verhalten (Wertebewusstsein). Dennoch versucht er, anderen Meinungen mit Respekt zu begegnen, weil er der Überzeugung ist, dass es nur so zu einem guten Miteinander im Team kommt (Werthaltung). Toms Respekt kennt aber auch Grenzen, zum Beispiel wenn andere diskriminierende und menschenverachtende Ansichten vertreten. Er hat sich entschieden, das direkt anzusprechen und klarzumachen, warum ein solches Verhalten für ihn nicht akzeptabel ist (Wertekompetenz). In der Vergangenheit hat er gelernt, dass dazu Mut gehört, dass es ihn aber auch in seiner Persönlichkeit stärkt und einen positiven Einfluss auf die Mannschaft hat. Dadurch ist für ihn persönlich die Bedeutung des Wertes gestiegen und er orientiert sich in allen Lebenslagen daran (wertorientiertes Handeln).

Wie kann ich als Jugendleiter:in Wertebildung unterstützen?

3

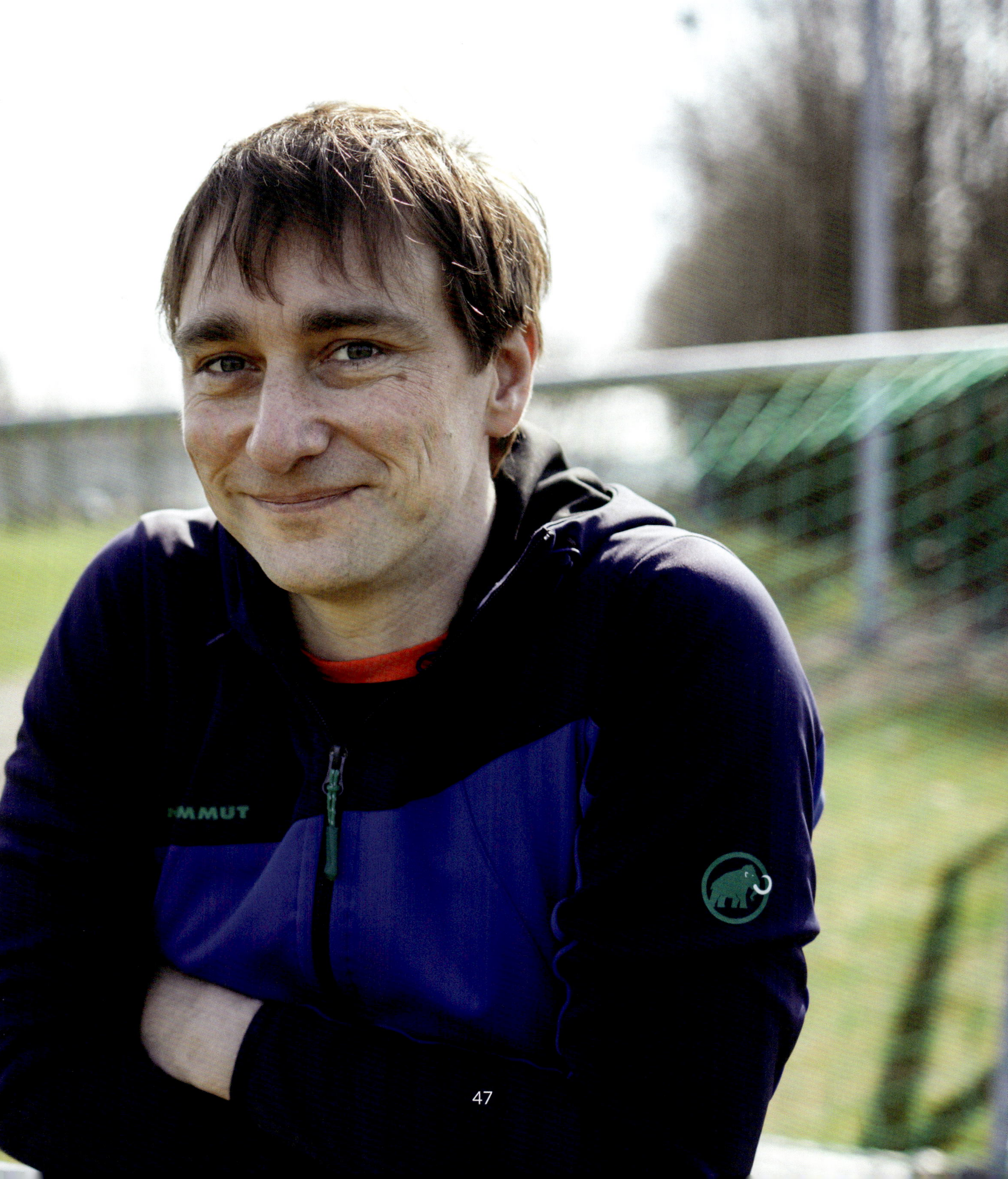

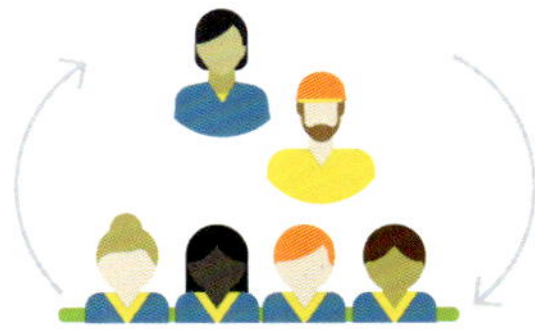

Als Jugendleiter:in haben Sie vielfältige Möglichkeiten, die Wertebildung von Jugendlichen im Fußballalltag zu unterstützen. Denn Sie koordinieren die Jugendarbeit, betreuen und beraten die Jugendspieler:innen und sind – gemeinsam mit den Jugendtrainer:innen – verantwortlich für deren sportliche und persönliche Entwicklung. So definiert auch die DFB-Ausbildungsordnung Ihre Rolle, die darauf verweist, dass neben der sportlichen Ausbildung auch die Persönlichkeitsentwicklung der Jugendlichen hin zu kritischen, demokratisch denkenden und handelnden Menschen gefördert werden soll (siehe Seite 49). Sie verdeutlicht zudem, dass Wertebildung einen inhärenten Aspekt Ihres Aufgabenprofils darstellt und nahezu alle Ihre Aufgaben im Zusammenhang mit Wertebildung stehen.

In Ihrer Funktion als Jugendleiter:in haben Sie es somit in der Hand, eine wertebildende Jugendarbeit anzustoßen und wirksame Konzepte wie etwa TeamUp! in die Jugend- und Vereinsarbeit zu integrieren. In enger Abstimmung mit dem Vorstand und dem Trainerteam können Sie dafür die Voraussetzungen schaffen, etwa durch ein entsprechend ausgearbeitetes Jugendkonzept (siehe Seite 70 ff.), das unter anderem das Lernen und Leben von Werten als pädagogische Aufgabe in der Vereinsjugendarbeit verankert. Auf dieser Basis können Sie gemeinsam mit den Jugendtrainer:innen wertebildende Maßnahmen für den Trainings- und Vereinsalltag planen und umsetzen. Am wirkungsvollsten ist es, wenn Sie dabei Maßnahmen der direkten und indirekten Wertebildung miteinander verknüpfen (siehe »Überblick: Das können Sie als Jugendleiter:in für die Wertebildung tun«, Seite 52; »Prinzipien wirksamer Wertebildung«, ab Seite 22; und »Wie lässt sich Wertebildung im Jugendfußball unterstützen«, ab Seite 40).

Kurzum: Als Jugendleiter:in haben Sie eine Schlüsselrolle inne, wenn es um die Wertebildung von Jugendlichen geht. Machen Sie sich das bewusst und nutzen Sie diese Möglichkeiten, positiv auf die Persönlichkeitsentwicklung der jungen Spieler:innen einzuwirken. Die Ausbildungsordnung für Vereinsjugendmanager:innen des DFB erteilt Ihnen hierfür einen klaren Auftrag.

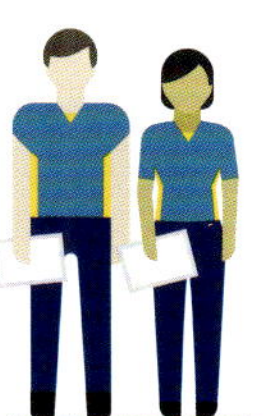

Was steht in der Ausbildungsordnung des DFB?

Aufgaben von Vereinsjugendmanager:innen (Jugendleiter:innen, Jugendobmann/-frau):

- Vereinsjugendmanager:innen (Jugendleiter:innen) im Fußballverein sollen die Jugendarbeit koordinieren und die jungen Mitglieder beraten und betreuen.
- Sie sollen die Interessen von Kindern und Jugendlichen innerhalb des Vereins und nach außen vertreten.
- Zudem sollen sie die Persönlichkeitsentwicklung zu kritischen, demokratisch denkenden und handelnden Menschen unterstützen. Sie benötigen deshalb dazu die entsprechenden fachlichen Kompetenzen.

Wichtige Aufgaben von Vereinsjugendmanager:innen

- jugendgerechte Sportangebote organisieren
- grundlegende Rechts- und Satzungsfragen klären
- mit neuen Kommunikationsmitteln arbeiten
- sportliche und außersportliche Konzepte für die Vereinsjugend entwickeln
- den Umgang mit Jugendlichen schulen
- eine Abteilung führen

Lernfelder von Vereinsjugendmanager:innen

- Lebens- und Bewegungswelt von Kindern und Jugendlichen
- Organisation/Verwaltung/Recht
- Gremienarbeit im Verein
- Überfachliche Kinder- und Jugendarbeit im Verein
- Führung und Zusammenarbeit
- Planung von Veranstaltungen

Quelle: DFB – Ausbildungsordnung zum Vereinsjugendmanager

Wertebildung als Aufgabe der Jugendleiter:innen – gut zu wissen

Zum Aufgabenprofil des Jugendleiters/der Jugendleiterin gehört auch die Förderung von Wertebildung. Sie ist in der Regel eng mit den sportlichen Aufgaben verbunden. Folgende Beispiele, abgeleitet aus der Ausbildungsordnung, verdeutlichen das.

- **Interessenvertretung von Kindern und Jugendlichen innerhalb des Vereins und nach außen**

  Diese Aufgabe setzt voraus, dass Sie die Interessen der jungen Spieler:innen auch kennen. Das erreichen Sie, wenn Sie mit den Kindern und Jugendlichen darüber ins Gespräch kommen, was ihnen wichtig ist und welche Bedürfnisse sie haben. Damit regen Sie die Jugendlichen an, sich mit ihren eigenen Wertvorstellungen auseinanderzusetzen, und unterstützen so deren Wertebildung.

- **Die Persönlichkeitsentwicklung zu kritischen, demokratisch denkenden und handelnden Menschen unterstützen**

  Die drei zentralen Aspekte von Wertebildung sind mit dieser Aufgabe angesprochen: demokratische Werthaltungen und Kompetenzen zu fördern sowie ein an diesen Werten orientiertes Handeln einzuüben (siehe »Was ist Wertebildung?«, Seite 37). Unterstützen können Sie dies auf vielfältige Weise, beispielsweise indem Sie Kinder und Jugendliche beteiligen und ihnen so die Möglichkeit geben, Haltungen zu reflektieren und wertorientiertes Handeln einzuüben.

- **Jugendgerechte Sportangebote organisieren**

  Sportangebote erweisen sich auch dadurch als jugendgerecht, dass sie die sportliche Förderung mit geeigneten Maßnahmen zur Persönlichkeitsentwicklung verbinden. Dazu kann beispielsweise die Verantwortungsübergabe an die Jugendlichen beitragen.

- **Sportliche und außersportliche Konzepte für die Vereinsjugend entwickeln**

  Diese Aufgabe schließt die Möglichkeit ein, wertebildende Aspekte in das Jugendkonzept zu integrieren und wertebildende Methoden (z.B. im Training) und Maßnahmen (z. B. im Vereinsalltag) zu etablieren.

- **Den Umgang mit Jugendlichen schulen**

  Die sportliche und die persönliche Entwicklung der Jugendspieler:innen lassen sich nicht voneinander trennen. Daher gilt es, die Jugendtrainer:innen nicht nur sportlich-pädagogisch zu schulen, sondern sie auch für ihre Vorbildrolle zu sensibilisieren. Dazu dienen Fortbildungsangebote, die für die Wertebildung fit machen – etwa ein TeamUp!-Lehrgang.

- **Führung und Zusammenarbeit**

  Durch einen kooperativen, kommunikativen Führungsstil sowie Teamwork im Trainerteam, aber auch innerhalb der und zwischen den Mannschaften fördern Sie gemeinsame Werte wie Vertrauen, Wertschätzung, Verantwortung und Engagement. Auch damit unterstützen Sie die Wertebildung.

Vielfältig, herausfordernd und verantwortungsvoll – die Leitungsaufgaben und Kommunikationswege des Jugendleiters/der Jugendleiterin bzw. des Vereinsmanagers/der Vereinsjugendmanagerin.

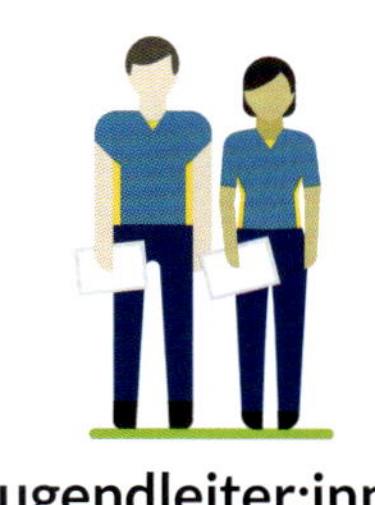

Notizen

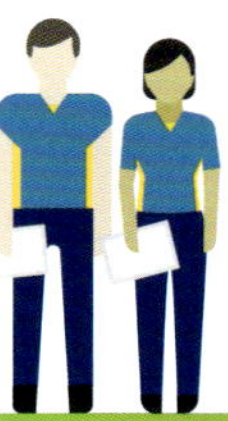

3.1 Überblick: Das können Sie als Jugendleiter:in für die Wertebildung tun

Direkt

Werte zum Thema machen

Im Verein, in der Abteilung:

- den Bezug zu Werten in Leitbild und Jugendkonzept integrieren
- Wertebildung als pädagogisches Konzept im Jugendkonzept verankern
- Vereins-, Abteilungs- und Mannschaftswerte gemeinsam erarbeiten und konkrete Verhaltensregeln für das Miteinander/den Fußballalltag ableiten
- in der Kommunikation nach innen und außen: nicht nur über sportliche Erfolge berichten, sondern auch über Vereins- und Abteilungswerte und Aktivitäten zur Wertebildung

Mit den Trainer:innen sowie anderen Verantwortlichen:

- wertorientiertes Jugendkonzept entwickeln, vorstellen und besprechen, gemeinsame Vereinbarung (Commitment) dazu treffen
- Haltung und Verhalten von Trainer:innen besprechen und dabei den Bezug zu Werten herstellen
- Trainer:innen für Wertebildung sensibilisieren und qualifizieren (z.B. durch Fortbildung, Workshops, Gespräche)
- gemeinsam mit Trainer:innen wertebildende Maßnahmen für den Trainings- und Vereinsalltag erarbeiten und deren Umsetzung planen (z. B. Erarbeitung von Mannschaftswerten)
- Wertereflexion im Training fördern: Trainer:innen dazu ermutigen, Trainingseinheiten mit den Spieler:innen auch in Bezug auf Werte zu reflektieren (wie Teamgeist, Kooperation, Vertrauen, Verantwortung, Fairness)
- anlassbezogen im Fußballalltag über Werte sprechen und zur Auseinandersetzung mit ihnen anregen (z.B. Gespräch über gerechte Aufteilung der Materialien, Vorbildrolle der Trainer:innen)

Indirekt

Werte erlebbar und erfahrbar machen

Im Verein, in der Abteilung:

- für Sicherheit im Management und eine verlässliche Organisation und Information sorgen
- Miteinander gestalten, Beziehung und Beteiligung ermöglichen
- zur Mitarbeit einladen, Eigenverantwortung fördern
- Motivation erzeugen: Orientierung geben, Ziele formulieren, Sinnstiftung fördern

Mit den Trainer:innen sowie anderen Verantwortlichen:

- kooperativen Führungsstil pflegen
- ein positives Vorbild sein
- authentisch sein
- wertschätzende, vertrauensvolle Beziehungen aufbauen und pflegen
- Konflikte gemeinsam konstruktiv bearbeiten
- Verantwortung abgeben und Partizipation fördern
- Entscheidungen transparent machen
- Teamentwicklung auf allen Ebenen fördern
- gewaltfreie, wertschätzende Kommunikation einüben (z. B. Feedbackregeln einhalten, zuhören, ausreden lassen, Interesse zeigen)
- Engagement der Trainer:innen für Wertebildung wertschätzen und unterstützen (z. B. Besuch von wertebildenden Trainings, Lob, Rat, Hinweis auf Fortbildungsangebote, Beschaffung von Materialien)

Direkt

Insbesondere mit den Jugendlichen:

- anlassbezogen im Fußballalltag über Werte sprechen und zur Auseinandersetzung mit ihnen anregen:
  - Einhaltung der Regeln reflektieren
  - Werte (anlassbezogen) diskutieren, begründen und hinterfragen
  - Verhalten auf/neben dem Platz besprechen und dabei einen Bezug zu Werten herstellen (z.B. Fairplay, Teamwork, Verhalten einzelner Spieler:innen, Trainer:innen)
  - Meinungen und Sichtweisen einholen und darüber Bezug zu Werten herstellen (z. B. Umgang mit Trainingsmaterial, Verhalten von Spieler:innen und Teams, Umgang mit Sieg/Niederlage)
  - Konflikte zum Thema machen und gemeinsam nach konstruktiven Lösungen suchen

Indirekt

Insbesondere mit den Jugendlichen:

- positives Vorbild und authentisch sein
- wertschätzende, vertrauensvolle Beziehungen aufbauen und pflegen
- Verantwortung abgeben und Partizipation fördern (z. B. bei Spielersitzungen, der Aufgabenverteilung und der gemeinsamen Erarbeitung von Regeln)
- wertschätzend, gewaltfrei kommunizieren
- Konflikte gemeinsam konstruktiv regeln
- gerechte Verteilung von Material und Ausstattung, Trainingszeiten, Hallen- und Platzzeiten, Kabinenbelegung nach transparenten Kriterien
- für hochwertige Ausstattung sorgen
- gerechte Organisation von Aufgaben
- Ehrenamt nicht überfordern
- Teamaktionen anbieten (z. B. Ausflüge)
- Eltern beteiligen

Direkt

Werte zum Thema machen:

- Mannschaftswerte gemeinsam erarbeiten und konkrete Verhaltensregeln ableiten
- anlassbezogen im Fußballalltag über Werte sprechen:
  - Einhaltung der Regeln reflektieren
  - Werte im Alltag (anlassbezogen) diskutieren, begründen und hinterfragen
  - Verhalten auf/neben dem Platz besprechen und dabei einen Bezug zu Werten herstellen (z.B. Fairplay, Teamwork, Verhalten einzelner Spieler)
  - Meinungen und Sichtweisen zu aktuellen Themen einholen und darüber mit Bezug auf Werte sprechen (z. B. Umgang mit Trainingsmaterial, Verhalten prominenter Spieler, Umgang mit Sieg/Niederlage)
  - Konflikte zum Thema machen und gemeinsam nach konstruktiven Lösungen suchen
- Wertereflexion ins Training integrieren:
  - Übungen oder Trainingseinheiten mit Wertebezug durchführen und Reflexionsphase anschließen (z.B. über Teamgeist, Verantwortung, Vertrauen, Kooperation)

Indirekt

Werte erlebbar und erfahrbar machen:

- als Trainer/Trainerin ein positives Vorbild sein
- authentisch sein
- wertschätzende, vertrauensvolle Beziehungen aufbauen und pflegen
- gewaltfreie, wertschätzende Kommunikation üben (z.B. Feedbackregeln einhalten, zuhören, ausreden lassen, Interesse zeigen)
- Konflikte gemeinsam konstruktiv bearbeiten
- Verantwortung abgeben und Partizipation fördern (z.B. bei Spielersitzungen, der Aufgabenverteilung und der gemeinsamen Erarbeitung von Regeln)
- Entscheidungen transparent machen
- Teamaktionen anbieten (z.B. Ausflüge)
- Kooperations- und Vertrauensübungen ins Training integrieren
- wertebildende Trainingseinheiten abhalten

Checkliste: Wertebildende Jugendarbeit im Vereinsalltag verankern

Mithilfe dieser Checkliste können Sie überprüfen, was Sie bereits in Sachen Wertebildung erledigt haben. Oder Sie nutzen die Checkliste, um im Überblick zu behalten, was Sie für die wertebildende Jugendarbeit alles in den Blick nehmen können. Die Liste hilft zudem dabei, die oben im Überblick skizzierten Möglichkeiten zur Unterstützung von Wertebildung zeitlich passend in die Saisonplanung zu integrieren. Ausführlich werden die verschiedenen Möglichkeiten der direkten und indirekten Wertebildung in den folgenden Kapiteln 4 bis 7 behandelt.

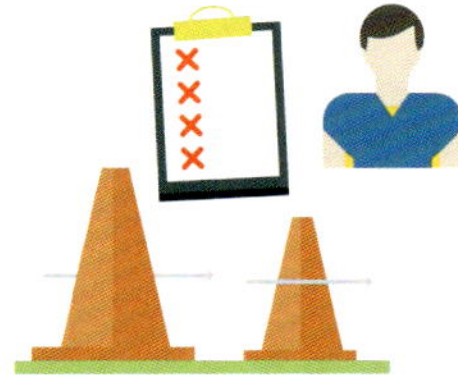

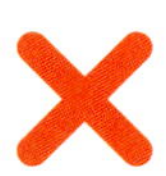

Checkliste für Jugendleiter:innen
für die Wertebildung

Vor der Saison

- ○ **Vereinskonzeption erstellen oder überprüfen: Wo ist der Bezug zu Werten/Wertebildung?**
- ○ **Jugendkonzeption erstellen oder überprüfen: Wo und wie soll Wertebildung in die Jugendarbeit einfließen?**
- ○ **Jugendtrainerkonzept erstellen oder überprüfen**
- ○ **Schwerpunkte für die anstehende Saison setzen (Lern- und Entwicklungsziele für die einzelnen Mannschaften nicht vergessen)**
- ○ **Mitgliederversammlung mit dem Thema vertraut machen**
- ○ **Jugendtrainer:innen briefen (zum Beispiel zum Thema »Wertebildung«)**
- ○ **Maßnahmen zur Qualifizierung der Trainer:innen entwickeln**
- ○ **Gegebenenfalls Beratung von außen einholen (zum Beispiel Vereinsberater:in des Verbandes)**

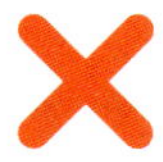

Checkliste für Jugendleiter:innen
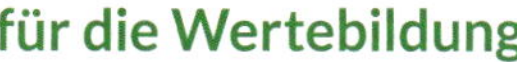

für die Wertebildung

Zu Beginn der Saison

- Jugendtrainerabend einberufen
- Elternabend organisieren (zusammen mit Jugendtrainer:innen)
- Mannschaftsversammlung vorbereiten (Thema zum Beispiel: Vereinsphilosophie)
- Öffentlichkeit einbeziehen (»Wertetraining der B-Jugend am ...«)

Während der Saison

- Trainings, insbesondere wertebildende Trainings besuchen
- Haltungen und Verhalten auch der Trainer:innen regelmäßig reflektieren
- Gegebenenfalls Spannungen lösen und Konflikte moderieren
- Das Thema »Wertebildung« auch kreisweit vertreten, zum Beispiel in Gremiensitzungen, bei Versammlungen, in der Öffentlichkeit
- Gemeinsame Aktionen im Rahmen der Jugendarbeit des Vereins, wie etwa Jugendtag, Vereinstag, Fairplay-Turnier, Grillabend planen

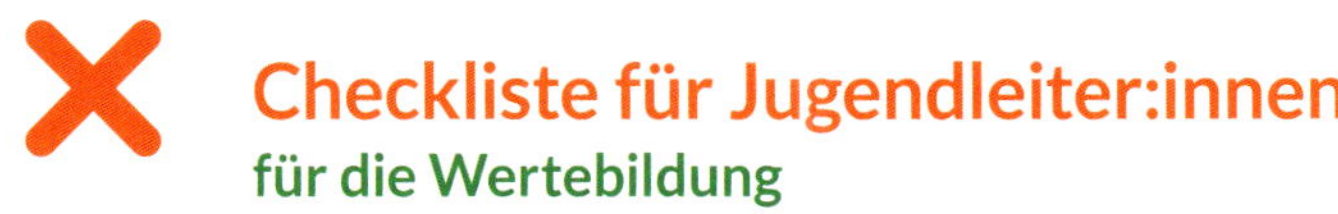

Checkliste für Jugendleiter:innen
für die Wertebildung

Zum Saisonabschluss

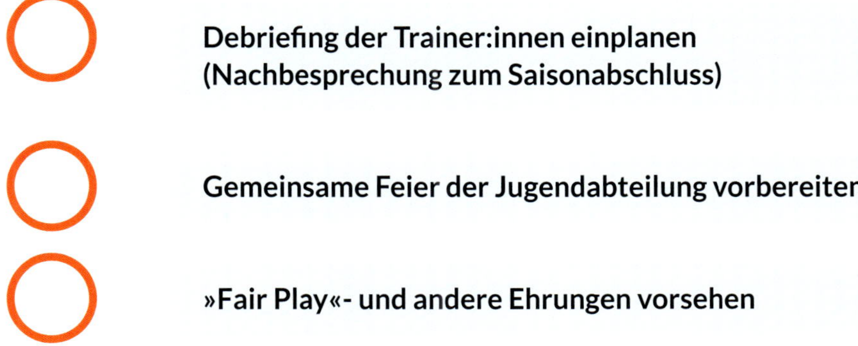

- Debriefing der Trainer:innen einplanen (Nachbesprechung zum Saisonabschluss)
- Gemeinsame Feier der Jugendabteilung vorbereiten
- »Fair Play«- und andere Ehrungen vorsehen

3.2 Wertebildung beginnt bei mir selbst: Die eigenen Werte und Haltungen reflektieren

Wenn Sie als Jugendleiter:in die oben beschriebenen vielfältigen Möglichkeiten zur Wertebildung nutzen möchten (siehe Überblick Seite 52), sollten Sie zuerst die Grundlage dafür schaffen. Das heißt: Sie sollten Ihre eigenen Werte und Haltungen reflektieren (siehe Seite 29 ff.) und sich damit auseinandersetzen, was Ihnen persönlich und als Jugendleiter:in wichtig ist. Denn nur dann können Sie bewusst Haltungen einnehmen, Ihr Handeln daran ausrichten und Ihre Leitungsfunktion in Bezug auf die Wertebildung bewusst gestalten. Gleichzeitig ist ein reflektiertes Wertebewusstsein eine wichtige Voraussetzung dafür, um mit Trainer:innen, Jugendlichen und weiteren Beteiligten in der Vereinsjugendarbeit über Werte zu sprechen.

Die Frage nach den eigenen Werthaltungen ist eng mit Ihrer Funktion als Jugendleiter:in verwoben. Denn was Ihnen persönlich wichtig ist, beeinflusst auch, wie Sie Ihre Leitungsfunktion gestalten und was Sie vorleben oder fördern wollen. Wenn Sie sich dessen bewusst sind, haben Sie vorerst eine gute Orientierung für Ihr Handeln und die Arbeit in der Jugendabteilung. Denn Werte und Haltungen sind relativ stabil und ändern sich nicht täglich.

Gleichzeitig ist es sinnvoll, immer mal wieder in die Selbstreflexion zu gehen. Denn es wird immer Situationen geben, die Sie dazu herausfordern, neu zu bewerten, was Ihnen persönlich wichtig ist und wie Sie bestimmte Werte verstehen. So können im Vereinsalltag beispielsweise Neuzugänge im Trainerteam neue Sichtweisen einbringen und dadurch Fragen des Umgangs miteinander aufwerfen. Oder ein unerwarteter Erfolg oder eine Niederlage führt zu Umbrüchen in der Vereinsführung oder löst Konflikte in der Jugendabteilung aus, die Ihre Leitungsrolle herausfordern. Auch Entwicklungen in Ihrem privaten oder beruflichen Leben können Anlässe liefern, eigene Haltungen zu überdenken.

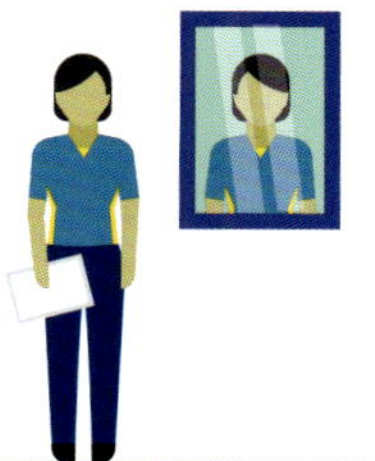

Reflexion

Werte, die mir für die Jugendarbeit wichtig sind:

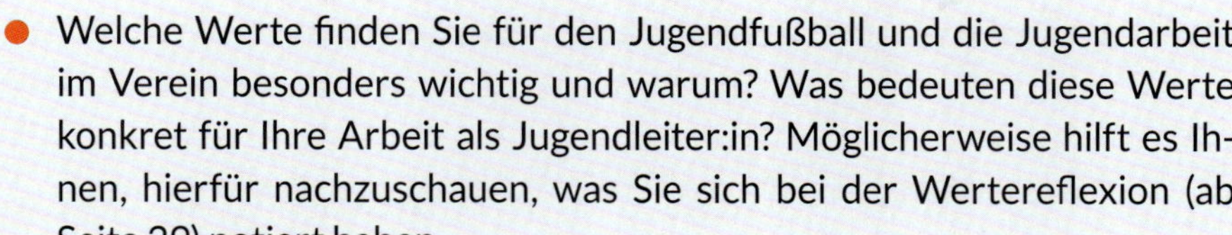

- Welche Werte finden Sie für den Jugendfußball und die Jugendarbeit im Verein besonders wichtig und warum? Was bedeuten diese Werte konkret für Ihre Arbeit als Jugendleiter:in? Möglicherweise hilft es Ihnen, hierfür nachzuschauen, was Sie sich bei der Wertereflexion (ab Seite 29) notiert haben.

Welche Werte sind mir als Jugendleiter:in wichtig?

Wodurch werden diese Werte in meinem alltäglichen Handeln sichtbar? Wo und wie lebe ich diese Werte (vor), was tue ich konkret?

Welche Werte sind mir für die Jugendlichen wichtig? Warum?

Wie kann ich diese Werte fördern?

Was will ich zukünftig anders machen?

Mit dieser Reflexion haben Sie nun eine gute Basis gelegt, um im nächsten Schritt Ihre Funktion als Jugendleiter:in genauer in den Blick zu nehmen. Ausgehend von dem, was Ihnen wichtig und wertvoll ist, können Sie überlegen, wie Sie Ihre Leitungsfunktion ausfüllen und die damit verbundenen unterschiedlichen Rollen und Aufgaben wahrnehmen wollen.

3.3 Meine Leitungsfunktion und die damit verbundenen Rollen

Als Jugendleiter:in sind Sie einerseits Manager:in der Jugendabteilung, aber in vielen Fällen auch Streitschlichterin oder Kümmerer, Moderatorin oder Coach, Netzwerkerin oder Organisator, Erzieherin oder Seelsorger (siehe Tabelle Seite 59). Diese Rollenvielfalt kann leicht zur Zerreißprobe werden, vor allem dann, wenn die Erwartungen in Ihrem Umfeld unterschiedlich und die Anforderungen an Ihr Ehrenamt hoch sind. Deshalb ist es wichtig, dass Sie für sich klären, welche Rollen Sie in Ihrer Funktion als Jugendleiter:in einnehmen wollen, was Ihre Umwelt von Ihnen erwartet und was Sie selbst von sich erwarten.

Für die Wertebildung ist das ebenfalls bedeutsam. Denn welche Rollen Sie ausfüllen und wie Sie das tun, zeigt auch, welche Werte Ihnen wichtig sind. Als »Kümmerer/Kümmerin« leben Sie Werte wie Hilfsbereitschaft oder Solidarität vor, als »Manager:in« sorgen Sie für Stabilität. Als »Coach« ist Ihnen die Selbstverwirklichung der Jugendlichen wichtig, als »Moderator:in« und »Problemlöser:in« zeigen Sie, wie ein konstruktiver Umgang mit Konflikten möglich ist. Als »Motivator:in« machen Sie deutlich, wie wichtig Ziele und Leidenschaft sind, als »Seelsorger:in« lassen Sie erkennen, dass auch das Menschliche im Fußball nicht zu kurz kommen darf.

Um mehr Klarheit in Bezug auf die eigenen Rollen zu gewinnen und sich bewusst zu machen, wie Sie in diesen Rollen die Wertebildung im Verein unterstützen können, lohnt es sich also, genauer hinzuschauen: Was für ein:e Jugendleiter:in wollen Sie sein? Was für ein Bild haben Sie von sich selbst vor Augen? Welche Rollen bevorzugen Sie und welche Werte fördern Sie damit? Inwieweit wechseln Sie zwischen verschiedenen Rollen innerhalb der Jugendleiterfunktion? Auch Ihre Stärken und Schwächen sollten Sie in den Blick nehmen: Worin sind Sie besonders gut? Auf welchen Feldern wollen Sie noch besser werden? Denn in der Leitungsfunktion sind Sie immer auch Vorbild und als solches gilt es, fachliche, soziale und persönliche Kompetenzen weiterzuentwickeln und das eigene Handeln zu reflektieren.

Bei der Reflexion Ihrer Leitungsfunktion und den damit verbundenen unterschiedlichen Rollen sollten Sie sowohl sich selbst als auch Ihr Umfeld in den Blick nehmen. Denn geprägt wird Ihre Leitungsfunktion einerseits von Ihrer eigenen Persönlichkeit (Stil, Wertvorstellungen, Selbst- und Rollenverständnis) und andererseits von Anforderungen durch den Verein, die Eltern, Trainer:innen, Spieler:innen sowie andere Gruppen. Dabei sind sowohl formale und fachliche Anforderungen von Bedeutung als auch atmosphärische Aspekte, die weniger explizit sind – etwa im Verein gelebte Traditionen. Wenn Sie über beides Klarheit erlangen, gibt Ihnen das eine gute Orientierung für Ihre Tätigkeit als Jugendleiter:in.

Vorbild	Moderator:in	Trainer:in
Erzieher:in	Manager:in	Coach
Ansprechpartner:in	Streitschlichter:in	Netzwerker:in
Sprachrohr	Lehrer:in	Organisator:in
Leiter:in	Ausbilder:in	Innovator:in
Berater:in	Elternersatz	Seelsorger:in
Kümmerer/ Kümmerin	Problemlöser:in	Kommunikator:in
Interessenvertreter:in	Motivator:in	...
...	...	...

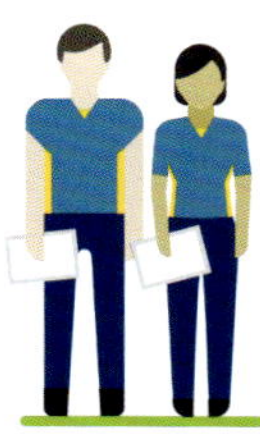

3.4 Die Vorbildrolle in den Blick nehmen

Eine Rolle verdient bei Ihrer Selbstreflexion besondere Aufmerksamkeit: Ihre Vorbildrolle. Vorbild sein – das ist neben den organisatorischen und sportlichen Anforderungen eine der zentralen Aufgaben von allen in der Jugendarbeit Verantwortlichen (Jugendleiter:innen, Trainer:innen, Betreuer:innen). Für die Wertebildung ist diese Rolle enorm bedeutsam, denn durch Vorbilder werden Werte vorgelebt und die Jugendlichen orientieren sich daran. Das geschieht oft unbewusst, hat aber für die Persönlichkeitsentwicklung der jungen Spieler:innen eine große Bedeutung. Während der Pubertät befinden sie sich in einer Lebensphase, in der sie zu den gewohnten Vorbildern wie Eltern oder Lehrkräften häufig eine kritische Haltung einnehmen. Jugendleiter:innen und Trainer:innen stellen hingegen besondere Vertrauenspersonen dar. Deshalb ist es lohnend, sich genauer mit der mit diesen Aufgaben verbundenen Vorbildrolle auseinanderzusetzen.

Diese Rolle beinhaltet zugleich Verantwortung und Chancen. Denn Vorbilder wirken im positiven wie auch im negativen Sinne: Wer als Erwachsener seine Emotionen nicht gut regulieren kann, bietet auch Jugendlichen keine Möglichkeit, das zu lernen. Vielmehr fördert er oder sie auch bei ihnen ein eher unkontrolliertes, emotionales Verhalten. Wer hingegen respektvolles Verhalten vorlebt, kann auch auf das Verhalten der Jugendlichen positiv wirken.

Kurzum: Die Vorbildrolle lässt sich nicht abwerfen, Sie haben sie immer inne – im positiven wie im negativen Sinne. Nehmen Sie die Verantwortung ernst, die darin liegt, und ergreifen Sie die Chance, diese Rolle bewusst zu gestalten. Denn Jugendliche, die positive Vorbilder erleben, entwickeln sich besser und sind bereit, selbst Verantwortung zu übernehmen.

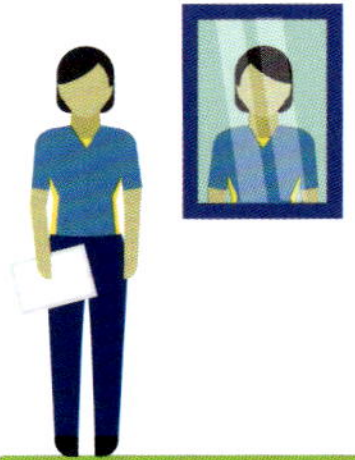

Reflexion

So sehe ich persönlich meine Jugendleiterfunktion

- Nehmen Sie sich einen Moment Zeit, um sich Ihre unterschiedlichen Rollen in der Funktion als Jugendleiter:in bewusst zu machen (vgl. die Beispiele auf Seite 59). Ziel dieser Reflexion ist es, mehr Klarheit in den eigenen Rollen zu erlangen und darüber, wie Sie in diesen Rollen die Wertebildung der Jugendlichen unterstützen können. Sie brauchen dafür etwa 15 Minuten Zeit.

Wer ist für mich als Jugendleiter:in Vorbild und was macht ihn/sie aus?

Welche Rollen bevorzuge ich? Warum?

Wie fülle ich meine Vorbildrolle aus?

Welches Selbstverständnis als Jugendleiter:in wird darin deutlich? Welche Werte hängen damit zusammen?

Wie kann ich die Rollen, die ich bevorzuge, für die Wertebildung einsetzen? Welche Werte und Kompetenzen fördere ich damit?

Was möchte ich beibehalten? Was möchte ich ändern? Welche Rollen will ich künftig stärker einnehmen?

Wertebildung in der Vereinsjugendarbeit zum Thema machen

4

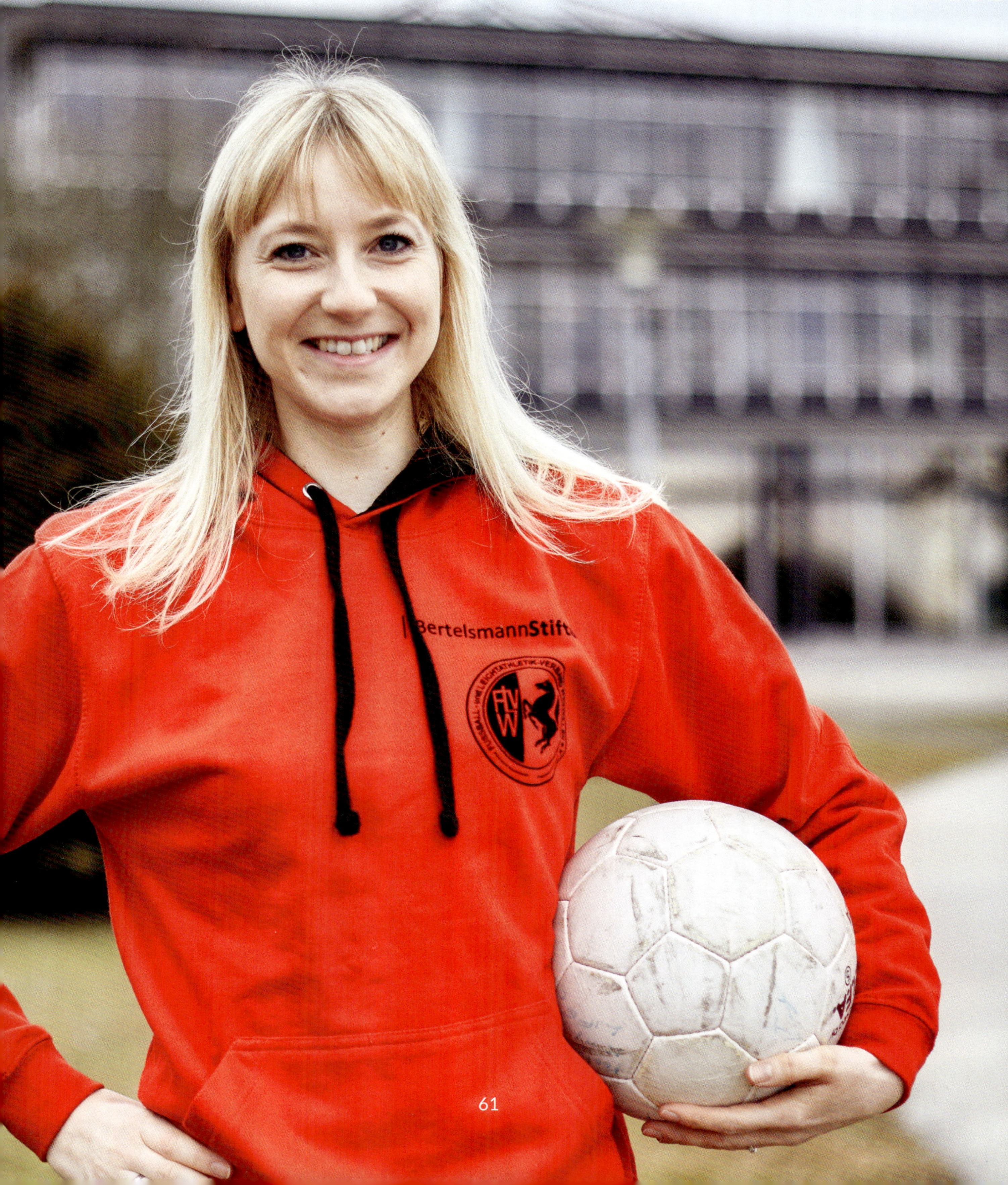

Wichtige Voraussetzungen für einen wertebildenden Jugendfußball sind geschaffen: Sie haben das Konzept TeamUp! (siehe Kapitel 1: »TeamUp! – Einführung in das Konzept«, ab Seite 12) kennengelernt und mehr über die Grundlagen von Wertebildung im Jugendfußball erfahren (siehe Kapitel 2: »Was ist Wertebildung und warum ist sie im Jugendfußball wichtig?«, ab Seite 27). Zudem haben Sie sich mit Ihrer Leitungsfunktion als Jugendleiter:in und den damit verbundenen Rollen und Aufgaben auseinandergesetzt (siehe Kapitel 3: »Wie kann ich als Jugendleiter:in Wertebildung unterstützen?«, ab Seite 47). Besonders die Selbstreflexionen über persönliche Werte, Ihre Funktion und Ihre Rollen sind wesentlich, um das Thema »Wertebildung« und den Grundgedanken von TeamUp! in den Verein und die Jugendabteilung hineinzutragen.

Nun steht der nächste Schritt an und hier geht es darum, Wertebildung auch im Verein zum Thema zu machen und die weiteren am Jugendfußball Beteiligten einzubeziehen. TeamUp! unterstützt Sie dabei.

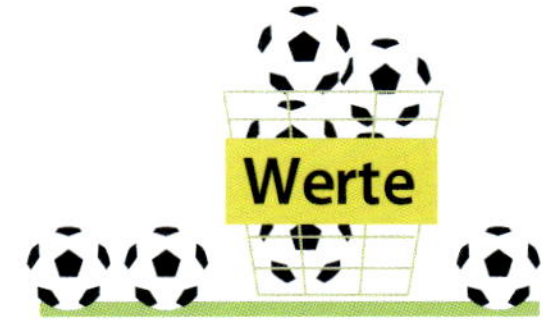

4.1 Ausgangsbasis: Vereinskultur und Vereinswerte

Jugendfußball bewusst an Werten auszurichten bedeutet sich im Verein und in der Jugendabteilung mit der Bedeutung von Werten auseinanderzusetzen und sich über gemeinsame Werte zu verständigen. Solche geteilten Werte schaffen einen Orientierungsrahmen für das Miteinander und bilden die Basis für den Zusammenhalt sowie die sportliche Entwicklung des Vereins. Nicht zuletzt sind sie die Grundlage für eine wertebildende Jugendarbeit. Auf dem Weg dahin kommt zunächst der Auseinandersetzung mit der Vereinskultur und den Vereinswerten Bedeutung zu.

Offen kommuniziert oder auch weniger bewusst leben die Mitglieder in Ihrem Verein nach Werten und halten bestimmte Normen hoch. Dazu gehören Grundannahmen über das, was richtig oder falsch, erlaubt oder verboten, erwünscht oder unerwünscht ist. Etwa: »Der Stärkere setzt sich durch«; »Pünktlichkeit wird großgeschrieben«; »Zusammensitzen nach dem Training gehört dazu«; »Nur Leistung und Ergebnis zählen«; »Teamgeist und Fairness sind wichtiger als ein Sieg«. Diese Grundannahmen und die Art und Weise, wie Jugendleiter:innen, Jugendtrainer:innen, Betreuer:innen und andere Verantwortliche miteinander umgehen und zusammenarbeiten, prägen die Kultur des Vereins.

Vereinskultur

Die Kultur eines Vereins oder die Vereinskultur manifestiert sich in unterschiedlichen Kulturfaktoren. Dazu zählt der Sozialpsychologe Geert Hofstede Grundannahmen, Werte und Normen, Rituale, Helden und Symbole sowie Praktiken (Hofstede 1993). Diese werden im besten Fall von allen Mitgliedern des Vereins geteilt. Den Kern der Vereinskultur bilden Grundannahmen, Werte und Normen, die allerdings nach Hofstede eher verborgen bleiben. Hingegen kommt das kulturelle Selbstverständnis des Vereins in den weiteren Faktoren (Ritualen, Helden,

Symbolen) zum Ausdruck. Rituale sind kollektive Tätigkeiten, die innerhalb des Vereins als sozial notwendig angesehen werden, beispielsweise die Weihnachtsfeier in der Abteilung. Helden (tot, lebend, echt, fiktiv) besitzen Eigenschaften, die innerhalb des Vereins und bei seinen Mitgliedern hoch angesehen sind und eine besondere Vorbildfunktion haben. Symbole wie Fahnen, Wappen, Trikots zeigen die Zugehörigkeit zum Verein und stehen für die Identifikation mit diesem. Grundannahmen sind tiefe Prägungen und bestimmen die Weltsicht der Vereinsmitglieder – wie etwa die Überzeugung, dass es gut ist, nicht allein zu sein, sondern sich in einem Verein zusammenzutun. Durch Werte und davon abgeleitete (Verhaltens-) Normen definieren wir, was uns wichtig ist, woran wir uns orientieren und welches Verhalten wir fördern, tolerieren oder verhindern möchten (z. B. könnte die Norm gelten, dass alle respektvoll miteinander umgehen sollen). Praktiken (das, was wir tun) schließlich zeigen, ob und wie diese Vereinskultur gelebt wird.

Eine Vereinskultur kann beispielsweise darin zum Ausdruck kommen, dass immer nur die besten Spieler:innen eingesetzt werden, egal, wie oft sie trainiert haben. In diesem Fall hätten Spieler:innen, die nicht so leistungsstark sind, aber regelmäßig am Training teilnehmen, das Nachsehen. Werte wie Leistung, Erfolg und Talent hätten in einer solchen Vereinskultur einen höheren Stellenwert als beispielsweise Verlässlichkeit, Engagement oder Motivation. Dies zu thematisieren bedeutet gelebte Vereinswerte und Vereinskultur bewusst zu machen und sich darüber zu verständigen, woran sich etwa die Jugendtrainerarbeit orientieren soll.

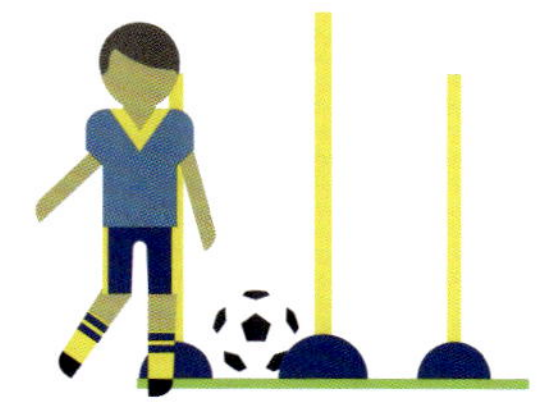

Vereinswerte

Zu den Vereinswerten zählen vor allem jene Werte, die in der gelebten Vereinskultur zum Ausdruck kommen. Sie verbleiben entweder implizit, etwa wenn in einem Verein ein starker Zusammenhalt gelebt wird. Werte wie Miteinander, Solidarität, Gemeinschaft können dann eine wichtige soziale Orientierungsfunktion übernehmen, auch wenn sie nicht aufgeschrieben oder beschlossen worden sind. Jeder kann sich auf sie beziehen, etwa dann, wenn der Zusammenhalt im Verein durch zu viele Eigeninteressen gefährdet ist. Diese Bezugnahme ist allerdings einfacher, wenn die Vereinswerte bewusst zum Thema gemacht und explizit formuliert werden. Sie lassen sich etwa in das Leitbild oder in das Jugendkonzept des Vereins aufnehmen. Dadurch erlangen sie offiziellen Charakter, sind transparent für alle und werden zum Bestandteil der Verfassung des Vereins, auf die sich alle Mitglieder beziehen können.

Welche Werte in einem Verein gelebt werden und welche Art von Vereinskultur den Alltag prägt, hat großen Einfluss darauf, welche Erfahrungen die Jugendlichen machen und woran sie sich in ihren eigenen Werthaltungen und ihrem Verhalten orientieren. Wenn Sie Wertebildung unterstützen möchten, ist es deshalb entscheidend, dass Sie und die anderen Verantwortlichen sich mit den Werten und Zielvorstellungen des Vereins und der Jugendabteilung auseinandersetzen. Ein guter Ansatzpunkt dafür sind Satzung und Leitbild.

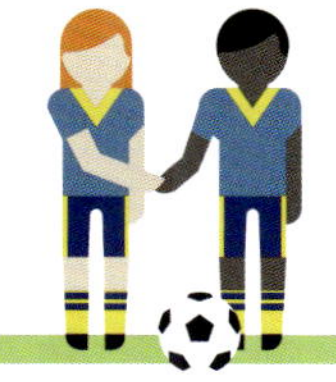

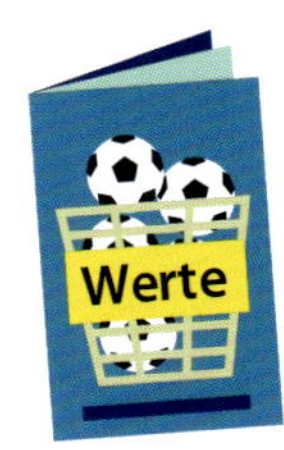

4.2 Leitbild und Satzung prüfen

Gemeinsam mit den Trainer:innen sowie Betreuer:innen Ihrer Jugendabteilung sollten Sie sich die Satzung und das Leitbild des Vereins vornehmen und überprüfen, welche Aussagen darin zum Selbstverständnis sowie zu grundlegenden Prinzipien und Zielen enthalten sind. Für die wertebildende Jugendarbeit sind vor allem Aussagen zu Werten, Zielen, Zweck des Vereins und pädagogischen Prinzipien entscheidend. Diese Vorarbeit ist sinnvoll, wenn Sie a) mit anderen Verantwortlichen über Werte und Wertebildung sprechen wollen und b) ein wertebildendes Jugendkonzept erstellen möchten (ab Seite 70).

Ein Leitbild beschreibt, welche Visionen und Ziele eine Organisation für sich in Anspruch nimmt und welchen Werten und Grundprinzipien sie sich verschreibt. Es bietet Orientierung und kann so als Wegweiser für die Vereinsmitglieder dienen. Damit hat es einen erheblichen Einfluss auf die Vereinskultur – vorausgesetzt, es wird gelebt (siehe »Handeln: Werte in Verein, Jugendabteilung und den Mannschaften leben«, ab Seite 20). Auch für die Jugendarbeit im Verein ist das Leitbild bedeutend. Es ist die Basis für das Jugendkonzept und für die darin formulierten Ziele und Leitlinien, etwa für die Jugendtrainerarbeit und Elternarbeit.

Das Leitbild sollte daher einige grundlegende Fragen beantworten, etwa: »Für welche Werte stehen wir?«; »Was bieten wir den Kindern und Jugendlichen, den Eltern und unserer Gemeinde?«; und umgekehrt: »Was erwarten wir von den Kindern und Jugendlichen, den Eltern und der Gemeinde?« Im Leitungsteam der Jugendabteilung sollten Sie sich daher das Leitbild Ihres Vereins – sofern vorhanden – vornehmen, um zu eruieren, welche Hinweise sich darin für eine wertebildende Jugendarbeit finden, auf die Sie aufbauen können und mit denen Sie Ihren Anspruch der Wertebildung innerhalb des Vereins auch begründen können.

Leitbild

Das Leitbild beschreibt das Selbstverständnis, wichtige Prinzipien und Ziele des Vereins. Nach innen gibt es Orientierung und motiviert sämtliche Akteurinnen und Akteure, die Inhalte des Leitbilds zu leben. Nach außen (Öffentlichkeit, Eltern, Unterstützer:innen, Spieler:innen) macht es deutlich, wofür der Verein steht. Das Leitbild formuliert, was der Verein anstrebt (Vision), welchen Auftrag er verfolgt (Mission) und welche Kultur er pflegen will. Insofern wirkt das Leitbild normativ und bildet den Rahmen für die Vereinsentwicklung (Strategien, Ziele, Maßnahmen). Bestandteile eines Leitbilds sind zudem Vereinszweck, Fähigkeiten, Zielgruppen, Leistungen (Angebote), Ressourcen und Erfolgskriterien. Aus dem Leitbild als Basis lassen sich spezifischere Konzepte des Vereins (etwa das Jugendkonzept) entwickeln.

Allgemeine Bestandteile eines Leitbilds: Überblick

Vision

Was ist das übergeordnete Ziel unseres Vereins?

Identität und Auftrag (Mission)

Wer sind wir? Was ist unser Auftrag?

Ziele	Vereinszweck	Werte
Was wollen wir im Einzelnen womit und wie erreichen?	Welchen allgemeinen Zweck verfolgt der Verein?	Wofür stehen wir? Welche Werte leiten unser Handeln?

Zielgruppen

Wer sind die Zielgruppen, Unterstützer:innen und Kooperationspartner:innen?

Fähigkeiten	Ressourcen	Leistungen	Erfolgskriterien
Was können wir? Über welches Know-how verfügen wir? Wo liegen unsere Stärken?	Woraus schöpfen wir Kraft? Welche besondere Unterstützung haben wir für unsere Arbeit zur Verfügung? Worauf können wir zurückgreifen?	Was bieten wir an? Welche besonderen Angebote machen wir?	Was bedeutet für uns eine gelungene Vereinsarbeit (auf der Ebene des Jugendleiters/der Jugendleiterin, der Jugendtrainer:innen, der Eltern, der Kinder und Jugend-lichen ...)?

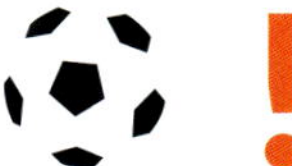

Lesetipps: Leitbildprozess anstoßen

Wenn in Ihrem Verein kein Leitbild existiert, sollten Sie überlegen, einen Leitbildprozess anzustoßen. Ein solcher strukturierter Prozess ist sehr sinnvoll, aber auch komplex, weil er auf breite Beteiligung ausgerichtet ist. Tipps, wie er gelingen kann, finden Sie hier:

- Fink, Nicolas (2020). *Strategische Entwicklung von Sportvereinen: Wie Vereine nachhaltig zu starken Marken werden: Analyse, Planung, Umsetzung, Controlling.* Wiesbaden.
- Klaußner, Stefan (2016). *Partizipative Leitbildentwicklung: Grundlagen, Prozesse und Methoden.* Wiesbaden.
- Kühl, Stefan (2016). *Leitbilder erarbeiten: Eine kurze organisationstheoretisch informierte Handreichung.* Wiesbaden.
- Werther, Dagmar (Hrsg.) (2015). *Vision – Mission – Werte: Die Basis der Leitbild- und Strategieentwicklung.* Weinheim.
- Zech, Rainer (2008). »Leitbildentwicklung in Schulen«. *PraxisWissen SchulLeitung.* Hrsg. Adolf Bartz, Jürgen Fabian, Stephen G. Huber, Carmen Kloft, Heinz S. Rosenbusch und Hajo Sassenscheid. Kronach.

Auch in der Vereinssatzung lassen sich Zielsetzungen für die sportliche Arbeit mit Jugendlichen verankern. Satzungen sind allerdings in der Regel sachlicher und allgemeiner gehalten als Leitbilder, da sie gesetzlichen Vorgaben genügen müssen. Weitergehende inhaltliche Festlegungen werden häufig vermieden, um Entwicklungsspielräume zu lassen.

Satzung

In allen eingetragenen Vereinen (e.V.) existiert eine Satzung als rechtliche und geschäftliche Grundlage des Vereins. Die gesetzlichen Bestimmungen sind im Bürgerlichen Gesetzbuch im Abschnitt »Vereine« ab Paragraf 21, geregelt. Will der Verein beispielsweise die wertebildende Jugendarbeit auch in der Satzung aufgreifen, um sie so nachhaltig in der Verfassung des Vereins zu verankern, empfiehlt sich eine entsprechende Ergänzung. Einen Tipp zur Satzungsanpassung finden Sie auf Seite 68.

Übersicht: Satzung und Leitbild überprüfen

Mithilfe der Übersicht auf Seite 67 (»Allgemeine Bestandteile des Leitbilds«) können Sie das Leitbild, aber auch die Satzung Ihres Vereins prüfen. Nehmen Sie sich diese Dokumente gemeinsam mit Ihrem Team (Abteilungsvorstand, Trainer:in, Betreuer:in) vor. Ziel ist es, Wertegrundlagen zu identifizieren, auf die ein Jugendkonzept mit Wertebildungsbezug aufbauen kann. Sie können dann entweder das vorhandene Jugendkonzept ergänzen oder ein neues, wertebildendes Jugendkonzept erstellen (mehr dazu ab Seite 70). Die folgende Tabelle enthält beispielhafte Antworten.

Allgemeine Bestandteile eines Leitbilds: Beispiele

Bestandteile	Mögliche Fragestellungen und Beispiele
Vision	**Was ist das übergeordnete Ziel unseres Vereins?** • Wir schaffen Rahmenbedingungen, in denen sich die individuellen Begabungen der Jugendlichen bestmöglich entfalten können. • Unser gemeinsames Selbstverständnis ist eine ganzheitliche Ausbildung, die sich an den individuellen Bedürfnissen des Einzelnen ausrichtet.
Identität und Auftrag (Mission)	**Wer sind wir? Was ist unser Auftrag?** • Fußball mit Erfahrung: Wir sind seit 1980 der einzige Fußballverein in der Innenstadt mit einer Jugendabteilung. • Zeitgemäß und nachhaltig: Wir sind dem ganzheitlichen Ansatz verpflichtet und setzen moderne Methoden um.
Ziele	**Was wollen wir im Einzelnen womit und wie erreichen?** • Die Jugendspieler:innen sollen sich im Verein, der Jugendabteilung und den Mannschaften wohlfühlen. • Den Jugendspieler:innen wird Freude am Mannschaftsspiel Fußball vermittelt, unabhängig vom Leistungsvermögen. • Alle Spieler:innen werden entsprechend ihrem Interesse und ihrer Veranlagung im Training und Spiel gefordert und gefördert. • Alle Jugendspieler:innen haben die Option, an einem hochwertigen Training teilzunehmen, und bekommen ausreichende Spielzeit in der Spielrunde.
Vereinszweck	**Welchen allgemeinen Zweck verfolgt der Verein?** • Die Aufgabe des Vereins ist es, den Jugendfußballsport zu fördern und zu pflegen. • Der Verein verfolgt ausschließlich und unmittelbar gemeinnützige Zwecke und ist selbstlos tätig.
Werte	**Wofür stehen wir? Welche Werte leiten unser Handeln?** • Im Umgang miteinander sowohl auf als auch neben dem Platz zählen Fairness und Teamgeist. Der Umgang untereinander ist offen, ehrlich, verlässlich und hilfsbereit. • Alle Menschen, unabhängig von Herkunft, Hautfarbe oder Religion, verdienen Respekt. Ein couragiertes Eintreten gegen Diskriminierung und rassistische Äußerungen wird gefördert. • Die Entwicklung der Persönlichkeit und die Förderung von gesellschaftlich relevanten Werten nehmen einen ebenso großen Stellenwert ein wie die sportliche Weiterentwicklung.
Zielgruppen	**Wer sind die Zielgruppen, Unterstützer:innen und Kooperationspartner:innen unserer Vereins(jugend)arbeit?** • Wir richten uns an die Kinder und Jugendlichen vor allem in der Innenstadt. • Wir arbeiten mit Schulen zusammen. • Wir richten uns in der Jugendarbeit auch an die Eltern. • Wir arbeiten mit lokalen Unternehmen zusammen, die uns fördern.
Fähigkeiten	**Was können wir? Über welches Know-how verfügen wir? Wo liegen unsere Stärken?** • Jugendleiter:innen, Trainer:innen und Betreuer:innen lassen sich regelmäßig fortbilden. • Wir haben seit 1980 durchgängig Erfahrung im qualifizierten Jugendfußball. • Wir betrachten uns als integrations- und leistungsstark.

Leistungen

Was bieten wir an? Welche Angebote zeichnen uns aus?

- Alle Jugendspieler:innen erhalten die Möglichkeit, an einem hochwertigen Training teilzunehmen, und bekommen ausreichend Spielzeit in der Spielrunde.
- Jedes Kind/jede:r Jugendliche kann ab dem Vereinsbeitritt in einem Jahrgangsteam durchgängig Fußball spielen, bis hin zum altersbedingten Wechsel in den Seniorenbereich.
- Als Partner der Schulen arbeiten wir auch im Bereich der Nachmittagsbetreuung.

Ressourcen

Woraus schöpfen wir Kraft? Welche besondere Unterstützung steht uns für unsere Arbeit zur Verfügung? Worauf können wir zurückgreifen?

- Selbstsicherheit durch Anerkennung, konstruktive Kritik sowie fachliche und soziale Kompetenz werden gefördert. Dadurch verfügen wir über selbstbewusste und integre Jugendspieler:innen, die sich in unserem Verein wohlfühlen und ihm lange treu bleiben.
- Wir haben aktive Eltern, die unseren wertebildenden Ansatz fördern.
- Unsere Kooperationspartner:innen (z. B. Sponsoren, Schulen) stehen uns seit vielen Jahren treu zur Seite.

Erfolgskriterien

Was bedeutet für uns eine gelungene Vereinsarbeit (auf der Ebene des Jugendleiters/der Jugendleiterin, der Jugendtrainer:innen, der Eltern, Kinder und Jugendlichen)?

- Jugendleiter:innen rekrutieren neue Jugendtrainer:innen, die sich zur Umsetzung des Jugendkonzepts verpflichten.
- Jugendtrainer:innen binden sich langfristig an den Verein.
- Spieler:innen wechseln in die jeweils höhere Altersklasse (bis zu den Senioren) und sichern so das Weiterbestehen des Vereins auf einer breiten Basis.
- Auch Spieler:innen, die fußballerisch weniger talentiert sind, bleiben dem Verein verbunden, weil sie geeignete Angebote erhalten, sich einzubringen (z. B. als Jugendbetreuer:in oder Schiedsrichter:in).

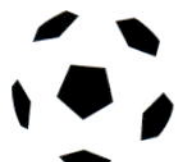
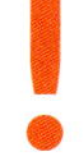

Praxistipp: Beispiel für eine wertorientierte Satzungsergänzung

In vielen Satzungen finden sich kaum Aussagen darüber, wofür der Verein steht. Um die Orientierungsfunktion des Leitbilds zu erreichen, um Werte und Wertebildung im Verein nachhaltig zu verankern, empfiehlt es sich, diese Aspekte (im angefügten Beispiel die Punkte 2 bis 5) in der Satzung zu ergänzen. So stellt der Verein sicher, dass das Thema »Wertebildung« auch in Zukunft von den Verantwortlichen in den Blick genommen wird. Die Satzungsänderung oder -ergänzung wird der Mitgliederversammlung vorgelegt und hier zur Abstimmung gebracht. Dafür ist es hilfreich, mehrere verantwortliche Mitglieder als Fürsprecher zu haben (insbesondere den Vorstand, Abteilungsleiter:innen, anerkannte Persönlichkeiten im Verein). In der Funktion des Jugendleiters/der Jugendleiterin sind Sie indes genau die richtige Person, eine solche Satzungsanpassung anzuregen.

Beispiel für eine wertorientierte Satzungsergänzung

I. Name des Vereins ...

§ 1. Zweck und Grundsätze

1 Die Aufgabe des (Vereinsname) ist es, den Sport zu fördern und zu pflegen, ...

2 Der (Vereinsname) ist parteipolitisch neutral. Er bekennt sich zu den Grundsätzen der Menschenrechte, zu der Freiheit des Gewissens und der Freiheit im Rahmen einer demokratischen Gemeinschaft. Der (Vereinsname) wendet sich gegen Rassismus und Fremdenfeindlichkeit sowie gegen antidemokratische, nationalistische und antisemitische Tendenzen. Er wirkt allen auftretenden Diskriminierungen und Benachteiligungen von Menschen, insbesondere wegen ihrer Nationalität, ethnischen Zugehörigkeit, sexuellen Identität, Religion, Geschlecht, Zugehörigkeit zu einer bestimmten sozialen Gruppe oder Behinderung, entgegen.

3 Der (Vereinsname) fördert die Gleichstellung der Geschlechter und soziale Integration von Menschen mit Migrationshintergrund sowie insbesondere auch die Teilhabemöglichkeiten für Geflüchtete oder Menschen mit ungesichertem Aufenthaltsstatus. Er wirkt auf den Abbau bestehender Hemmnisse hin.

4 Der (Vereinsname) tritt für die Mitbestimmung und Mitverantwortung der Jugend ein. Er pflegt den Gemeinschaftssinn und die internationale Begegnung.

5 Der (Vereinsname) setzt in seiner pädagogischen Arbeit vor allem mit Kindern und Jugendlichen Konzepte der Wertebildung/der wertorientierten Jugendarbeit um und verankert diese im Jugendkonzept. Das Jugendkonzept beschreibt auch die Anforderungen an die Jugendleiter:innen, Jugendtrainer:innen und Betreuer:innen (Leitlinien der Jugendarbeit).

4.3 Wertebildung in der Vereinsjugendarbeit verankern

Nachdem Sie die Beschäftigung mit Werten im Verein auf die Agenda gesetzt haben, geht es jetzt um das Lernen und Leben dieser Werte. Dazu gilt es auch, pädagogische Prinzipien und Konzepte der Wertebildung in der Vereinsjugendarbeit zu verankern. Die Grundlage dafür liefern ein aus dem Leitbild abgeleitetes Jugendkonzept und darin formulierte Leitlinien, etwa für die Jugendtrainerarbeit. Um allen Beteiligten zu verdeutlichen, wozu Wertebildung im Jugendfußball dient und welchen Mehrwert sie bietet, sollten Sie – je nach Größe Ihres Vereins, Ihrer Jugendabteilung – die folgenden Ebenen in den Blick nehmen:

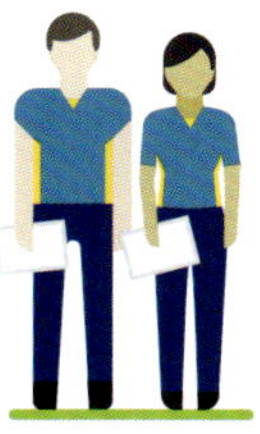

1 **Vorstand informieren** – Erläutern Sie im Rahmen einer Vorstandssitzung, warum der Verein wertebildenden Jugendfußball stärker in den Blick nehmen sollte und wie das erfolgen soll (wertebildendes Jugendkonzept und wertebildende Maßnahmen).

2 **Abteilungssitzung** – Nehmen Sie sich ausreichend Zeit, um in der Abteilungssitzung (z. B. mit dem Jugendvorstand) für das Vorhaben »Wertebildender Jugendfußball« zu werben. Suchen Sie Mitstreiter:innen, die gemeinsam mit Ihnen das wertebildende Jugendkonzept erstellen.

3 **Trainersitzung** – Die Trainer:innen und Betreuer:innen sind entscheidend, denn sie sollen das wertebildende Jugendkonzept umsetzen. Auch hier sollten Sie Mitstreiter:innen gewinnen, die bereit sind, das wertebildende Jugendkonzept mitzuentwickeln. Im Idealfall gewinnen Sie alle Verantwortlichen für eine Beteiligung.

Kapitel 1 und 2 in diesem Buch liefern Ihnen die wesentlichen Argumente, die Sie für Ihre Überzeugungsarbeit benötigen. Wenn dann die Frage »Wozu wertebildender Jugendfußball?« beantwortet ist und alle relevanten Personen gewonnen sind, können Sie den nächsten Schritt angehen: In enger Abstimmung mit dem Vorstand, der Jugendabteilung und dem Trainerteam schaffen Sie die Voraussetzungen für eine wertebildende Jugendarbeit – und zwar durch ein entsprechend ausgearbeitetes Jugendkonzept (siehe ab Seite 77). Neben der sportlichen Entwicklung der jungen Spieler:innen nimmt es auch deren persönliche Entwicklung in den Blick und verankert das Lernen und Leben von Werten als pädagogisches Konzept und somit zentrale Aufgabe in der Vereinsjugendarbeit. Auf dieser Basis können Sie gemeinsam mit den Jugendtrainer:innen wertebildende Maßnahmen für den Trainings- und Vereinsalltag planen und umsetzen.

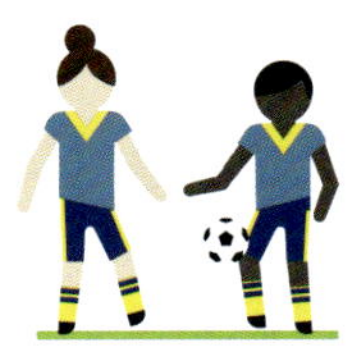

Jugendkonzept

In einem Jugendkonzept sind die wesentlichen Eckpunkte für die Trainings- und Ausbildungsarbeit formuliert. Es fungiert nicht nur als ein internes Dokument. Das Jugendkonzept kann auch in der Kommunikation nach außen eingesetzt werden, etwa gegenüber Eltern und Unterstützer:innen, die sich dafür interessieren, woran sich der Verein in seiner Jugendarbeit orientiert. Im Jugendkonzept sind unter anderem Zielgruppen, Ziele, Prinzipien, Spielphilosophie oder pädagogische Hinweise enthalten. Im Sinne eines wertebildenden Jugendfußballs lassen sich Konzepte wie TeamUp! darin verankern. Das Jugendkonzept wird auf der Basis des Leitbilds des Vereins entwickelt (in größeren Vereinen mit einer entsprechend großen Jugendabteilung gibt es auch ein eigenes Jugendleitbild; dieses dient dann als Grundlage für das Jugendkonzept). Existieren keine Leitbilder im Verein, können zentrale Bestandteile eines Leitbilds wie Vision, Mission, Ziele und Werte innerhalb der Jugendabteilung entwickelt und in das Jugendkonzept integriert werden.

4.4 Was gehört in ein wertebildendes Jugendkonzept?

Ein wertebildendes Jugendkonzept sollte sowohl den Bezug zu den Vereins- oder Abteilungswerten (Leitbild) herstellen als auch die Wertebildung von Jugendlichen selbst als wichtiges Prinzip der Persönlichkeitsentwicklung und als pädagogisches Konzept enthalten. Letzteres ist wichtig, weil Wertebildung auf das Lernen und Leben von Werten zielt. Dafür braucht es ein Konzept, in dem geeignete Maßnahmen skizziert werden. Ein solches Konzept ist zum Beispiel TeamUp!. Es bietet viele Anregungen und Methoden, um Wertebildung im Jugendfußball zu unterstützen (z. B. Erarbeitung von Mannschaftswerten und Verhaltensregeln, erlebnispädagogische Übungen und wertebildendes Fußballtraining). Wenn Sie Konzepte der Wertebildung im Jugendkonzept verankern, können Sie Jugendtrainer:innen, Betreuer:innen und Eltern darlegen, auf welchen Grundlagen und nach welchen Prinzipien gearbeitet wird. Dies ist eine wichtige Voraussetzung, um Wertebildung nachhaltig in die Jugendarbeit zu integrieren. Das wertebildende Jugendkonzept entwickeln Sie am besten gemeinsam mit Verantwortlichen aus dem Verein (Vorstand), vor allem aber mit den Jugendtrainer:innen und Betreuer:innen. In der folgenden Übersicht sind typische Bestandteile und Inhalte eines Jugendkonzepts aufgeführt. Für die Wertebildung besonders relevant sind die Bestandteile »Ziele und Werte« sowie »Leitlinien Jugendtrainerarbeit«.

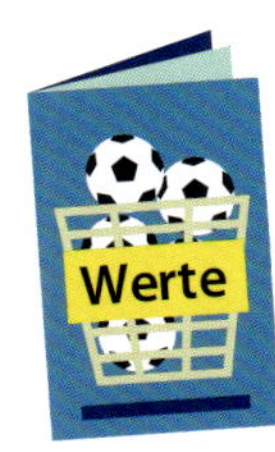

Bestandteile und Inhalte eines wertebildenden Jugendkonzepts

Ziele und Werte	• Wohl der Kinder/der Jugendlichen • Wohl der Gesellschaft • Wohl des Vereins
Verein	• Zweck (Auszug Satzung Hauptverein) • Leitbild/Jugendleitbild • Anforderungen
Trainer:in	• Vorbildrolle • Zusammenspiel zwischen Trainer:in und Co-Trainer:in • Fachliche und kommunikative Anforderungen an Trainer:in und Betreuer:in
Eltern	• Rolle als Trainer:innen/Betreuer:innen • Übermotivierte Eltern
Spieler:innen	• Frühentwickler:innen – Spätentwickler:innen • Disziplin • Anforderungen • Verhaltensgrundsätze
Leitlinien Jugendtrainerarbeit	• aus dem Leitbild abgeleitete Werte als Orientierung • wertebildende Persönlichkeitsentwicklung • Werte(bildung) als vierte Dimension neben Technik, Taktik und Kondition • sportliche Prinzipien für die Jugendtrainerarbeit
Spielphilosophie	• ballorientiertes Fußballspiel • Spielsystem
Je Altersgruppe (Bambini/ G-Junior:innen bis A-Junior:innen)	• Grundlagen • Betreuung • Trainingsaufbau • Kriterien • Trainingstipps
Torhüter:in	• Trainingskonzept • Anforderungsprofil

Die Liste der möglichen Inhalte eines Jugendkonzepts ist nicht vollständig und hängt ganz von der Situation im Verein ab.

4.5 Praxisbeispiele: Wertebildung in das Jugendkonzept integrieren

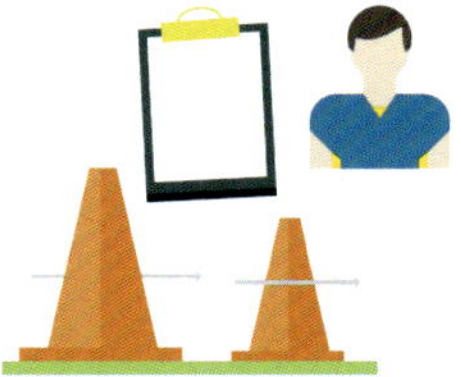

Praxisbeispiel 1: Ziele und Werte

Bereits bei der Formulierung von Zielen lassen sich Aspekte von Wertebildung in die sportlich-pädagogischen Ziele integrieren. Dazu zählen etwa ein sozialer und fairer Umgang, die Förderung von Teamgeist und Spielfreude, der Anspruch einer gewaltfreien Konfliktlösung und die Stärkung von Respekt und Selbstsicherheit. Das folgende Beispiel veranschaulicht, wie vielfältig der Bezug zum Lernen und Leben der Werte hergestellt werden kann.

Ziele und Werte

Wohl der Kinder/der Jugendlichen

- Die Jugendspieler:innen sollen sich im Verein, der Jugendabteilung und den Mannschaften wohlfühlen.
- Den Jugendspieler:innen wird Freude am Mannschaftsspiel Fußball vermittelt, unabhängig vom Leistungsvermögen.
- Kinder und Jugendliche sollen zu sozialem, fairem und wettbewerbsorientiertem Verhalten angeleitet werden.
- Alle Spieler:innen werden entsprechend ihrem Interesse und ihrer Veranlagung im Training und im Spiel gefordert und gefördert.
- Auch weniger talentierte Spieler:innen erhalten Spiel- und Entwicklungsmöglichkeiten. Alle Jugendspieler:innen haben die Option, an einem hochwertigen Training teilzunehmen, und bekommen ausreichende Spielzeit in der Spielrunde.
- Jedes Kind und jede:r Jugendliche kann ab dem Vereinsbeitritt in einem Jahrgangsteam durchgängig Fußball spielen, bis hin zum altersbedingten Wechsel in den Seniorenbereich.

Wohl der Gesellschaft

- Im Umgang miteinander sowohl auf als auch neben dem Platz zählen Fairness und Teamgeist. Der Umgang untereinander ist offen, ehrlich, verlässlich und hilfsbereit.
- Alle Menschen, unabhängig von Herkunft, Hautfarbe oder Religion, verdienen Respekt. Ein couragiertes Eintreten gegen Diskriminierung und rassistische Äußerungen wird gefördert.
- Die Entwicklung der Persönlichkeit und das Vermitteln von gesellschaftlich relevanten Werten nehmen einen ebenso großen Stellenwert ein wie die sportliche Weiterentwicklung.

- Selbstsicherheit durch Anerkennung, konstruktive Kritik sowie fachliche und soziale Kompetenz werden gefördert.
- Konflikte und Auseinandersetzungen werden gewaltfrei gelöst.
- Mit dem Eigentum des Vereins wird sorgsam umgegangen.
- In der Vereinsarbeit werden Auswirkungen auf die Umwelt und Klimaschutzaspekte berücksichtigt.

Wohl des Vereins

- In allen Altersklassen wird dauerhaft mindestens eine Mannschaft für den Spielbetrieb gemeldet.
- Ab den D-Junior:innen spielt jede Mannschaft in einer höherklassigen Liga.
- Jugendspieler:innen werden individuell und qualitativ hochwertig ausgebildet und befähigt, als Seniorenspieler:innen in einer möglichst hohen Spielklasse zu spielen. Dabei hat die Entwicklung der Spieler:innen und der Mannschaft Vorrang vor dem Gewinn von Meisterschaften.
- Spieler:innen können sich mit dem Verein identifizieren.
- Spieler:innen wechseln in die jeweils höhere Altersklasse (bis zu den Senioren) und sichern so das Weiterbestehen des Vereins auf einer breiten Basis.
- Auch Spieler:innen, die fußballerisch weniger talentiert sind, bleiben dem Verein verbunden, weil sie geeignete Angebote erhalten, sich einzubringen (z. B. als Jugendbetreuer:in oder Schiedsrichter:in).

Praxisbeispiel 2: Leitlinien Jugendtrainerarbeit

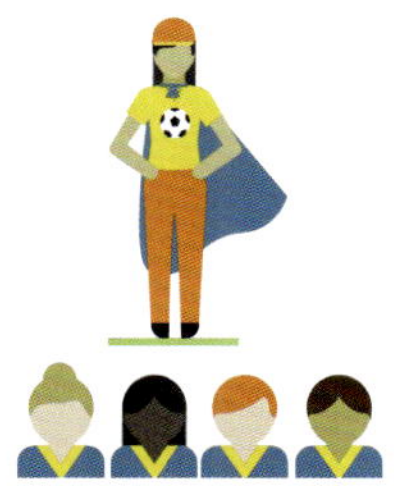

Leitlinien für die Jugendtrainerarbeit haben für Jugendleiter:innen, Trainer:innen und Betreuer:innen eine wichtige Orientierungsfunktion. Wollen Sie die Wertebildung wirkungsvoll im Jugendkonzept verankern, gilt es, die Jugendtrainer:innen gesondert in den Blick zu nehmen. Auch dafür lassen sich Aspekte der Wertebildung in vielfältiger Weise sowohl in Bezug auf die persönliche Entwicklung der Jugendspieler:innen als auch die sportlichen Prinzipien im Jugendfußball einbringen. Das folgende Beispiel veranschaulicht das:

Leitlinien für die Arbeit der Jugendtrainer:innen

Aus dem Leitbild abgeleitete Werte als Orientierung

- Zusammenhalt, Miteinander, Fairness, Teamwork, Respekt, Toleranz, Erfolg und Mut sind zentrale Werte des Vereins.
- Sportlich-faires Verhalten bestimmt das Vereinsklima.
- Der Umgang untereinander ist offen, ehrlich, verlässlich und hilfsbereit.
- Ein couragiertes Eintreten gegen Diskriminierung und rassistische Äußerungen wird gefördert.
- Alle Menschen, unabhängig von Herkunft, Hautfarbe oder Religion, verdienen Respekt.

Zu den sportlichen Prinzipien kommen wertorientierte Persönlichkeitsentwicklung und Wertebildung hinzu.

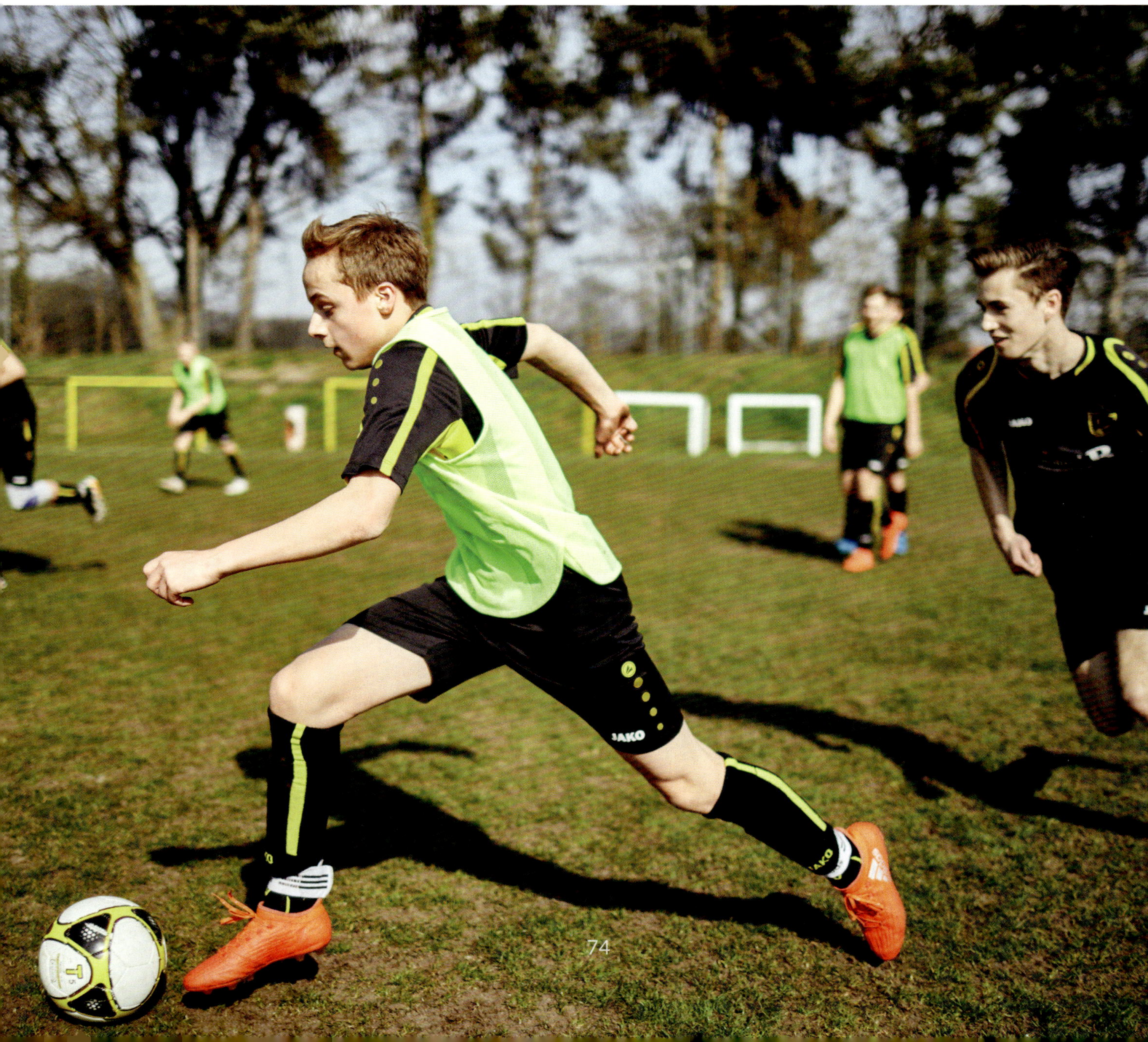

Werte(bildung) als vierte Dimension neben Technik, Taktik und Kondition

- Der Verein setzt im Fußballtraining auf das Konzept des wertebildenden Fußballtrainings und orientiert sich dabei an dem Konzept TeamUp!, das von den Verbänden vermittelt wird.
- Im Fußballtraining und in dessen Umfeld werden Übungen eingesetzt, die das Vertrauen und die Kooperation fördern.
- Jugendleiter:innen, Trainer:innen und Betreuer:innen lassen sich regelmäßig in Sachen Wertebildung fortbilden.

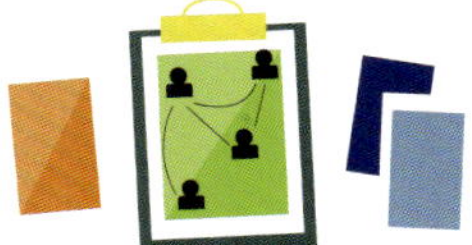

Sportliche Prinzipien für die Jugendtrainerarbeit

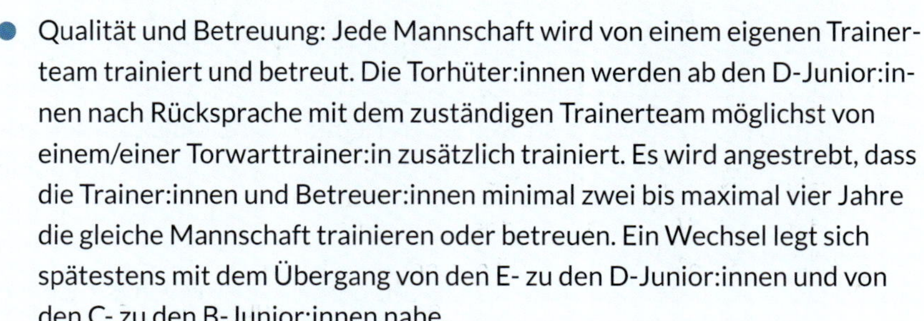

- Qualität und Betreuung: Jede Mannschaft wird von einem eigenen Trainerteam trainiert und betreut. Die Torhüter:innen werden ab den D-Junior:innen nach Rücksprache mit dem zuständigen Trainerteam möglichst von einem/einer Torwarttrainer:in zusätzlich trainiert. Es wird angestrebt, dass die Trainer:innen und Betreuer:innen minimal zwei bis maximal vier Jahre die gleiche Mannschaft trainieren oder betreuen. Ein Wechsel legt sich spätestens mit dem Übergang von den E- zu den D-Junior:innen und von den C- zu den B-Junior:innen nahe.
- Kooperation: Die verantwortlichen Trainer:innen arbeiten eng zusammen und sprechen Trainingspläne sowie mögliche Spielerwechsel regelmäßig miteinander ab.
- Offenheit: Die Teams sind durchlässig, das heißt, Spielerwechsel von einem Team zum anderen im Training und/oder im Spiel sind möglich und oft aus sportlichen oder pädagogischen Gründen sinnvoll.
- Fordern und fördern: Zur optimalen Förderung eines Spielers/einer Spielerin kann es sinnvoll sein, ihn oder sie in einer höheren Altersstufe einzusetzen.
- Unabhängige Entscheidungen: Wenn sich die Trainer:innen mit der sportlichen Leiterin/dem sportlichen Leiter im Einzelfall nicht einigen können, welcher/welche Spieler:in wo spielt, entscheidet die Jugendleitung.
- Integration und Wachstum: Der Übergang von den A-Junior:innen in den Seniorenbereich muss bereits im Laufe des letzten A-Juniorenjahres eingeleitet werden (z. B. Integration der A-Junior:innen in den Trainings- und Spielbetrieb oder Beobachtung der A-Juniorenspiele durch die Seniorentrainer:innen).
- Altersgerechte Teams: Die Mannschaften bis zu den D-Junior:innen werden möglichst nach Jahrgängen getrennt.
- Leistungsorientierung: Die Teams ab den C-Junior:innen werden von den Trainer:innen – unabhängig vom Alter der Spieler:innen – nach Leistung aufgestellt.
- Förderung von Mädchen: Mittelfristig soll der Mädchenfußball im Verein etabliert werden.

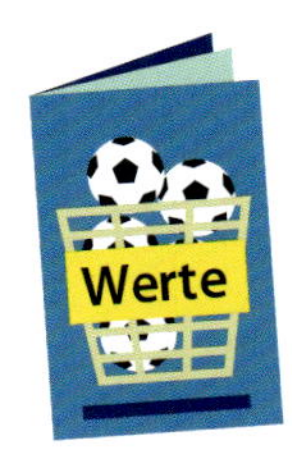

4.6 Wie erstelle ich ein wertebildendes Jugendkonzept?

Wenn Sie das in Ihrem Verein bestehende Jugendkonzept um die Dimension der Wertebildung ergänzen oder ein neues wertebildendes Jugendkonzept erstellen möchten, sollten Sie sich zunächst mit folgenden Fragen beschäftigen (und dazu die vorausgehenden Kapitel dieses Buches zurate ziehen):

1. Was wollen Sie in der Jugendabteilung mit Wertebildung erreichen? Welche Werthaltungen, Kompetenzen und welches Handeln wollen Sie bei den Jugendspieler:innen fördern? Welche Werte sollen im Jugendfußball Ihres Vereins gelernt und gelebt werden?
2. Wie wollen Sie diese Werte, Kompetenzen und dieses Handeln fördern? Wie wollen Sie Wertebildung in den Jugendfußball integrieren? Welche Maßnahmen sind dafür geeignet?

Bei der ersten Frage geht es darum, Ziele für die Wertebildung im Jugendfußball Ihres Vereins festzulegen. Die zweite Frage zielt darauf, wie diese Ziele erreicht werden sollen, also welche wertebildenden Maßnahmen geplant werden. Das wertebildende Jugendkonzept sollte Antworten auf beide Fragen beinhalten. So zeigt es vollständig auf, wie Sie und die Trainer:innen wertebildend arbeiten.

Im Folgenden zeigen wir Ihnen, wie Sie gemeinsam mit Mitgliedern des Vorstands und dem Trainer- und Betreuerteam ein wertebildendes Jugendkonzept entwickeln beziehungsweise ein bestehendes Jugendkonzept in diesem Sinne anpassen können. Sie sollten dafür mindestens drei Workshops vorsehen: einen Werte-Workshop, einen Maßnahmen-Workshop und einen Workshop für die sportlichen Prinzipien.

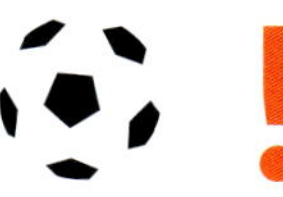

Lesetipp: Wertebildung im Jugendfußball

Das TeamUp!-Trainerhandbuch vermittelt Trainer:innen, wie sie Wertebildung als begleitenden Aspekt während der gesamten Saison erfolgreich in Training und Mannschaftsführung integrieren können. Schwerpunkte sind: Reflexion, Gespräche über Werte, Mannschaftswerte, wertebildendes Fußballtraining, Teamentwicklung, gute Kommunikation, Umgang mit Konflikten und Beteiligung.

- **Märtin, René, und Julia Tegeler (2020). *Wertebildung im Jugendfußball – Ein Handbuch für Trainer. TeamUp! – Werte gemeinsam leben.* Gütersloh.**

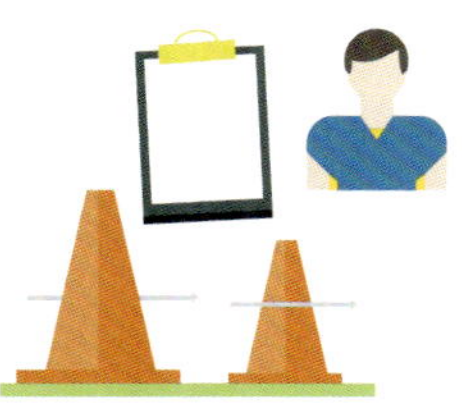

Umsetzung: In fünf Schritten zum wertebildenden Jugendkonzept

1. Schritt: Leitbild und Satzung prüfen

Im Kapitel 4.2 »Leitbild und Satzung prüfen« (Seite 64) haben wir angesprochen, wie Sie die wichtigsten Vereinsdokumente auf Werte, Wertebildung und Persönlichkeitsentwicklung hin überprüfen können. Das sollten Sie zunächst tun, um Ihr Vorhaben etwa gegenüber dem Vorstand zu begründen. Später sollten Sie diesen Schritt mit anderen Verantwortlichen gemeinsam gehen, damit alle Beteiligten die gleichen Voraussetzungen haben und Satzung und Leitbild auch kennen.

2. Schritt: Verantwortliche einbeziehen

Unter dem Punkt 4.3 »Wertebildung in der Vereinsjugendarbeit verankern« (Seite 69) haben Sie Hinweise erhalten, wen Sie an welcher Stelle einbeziehen sollten, bevor es an die konkrete Ausarbeitung eines wertebildenden Jugendkonzepts geht. Je nach Situation in Ihrem Verein sind es Vorstandsmitglieder, Abteilungsvorstand, Jugendleiter:innen, Trainer:innen und Betreuer:innen. Auch Spieler- und Elternvertreter:innen können eingeladen werden.

3. Schritt: Durchführung eines Werte-Workshops

Im Werte-Workshop steht die Antwort auf die Frage nach dem Was, also den Zielen der Wertebildung im Mittelpunkt.

Rahmenbedingungen/Vorbereitung

- Heller, großer Raum (Vereinsheim).
- Tische, in U-Form gestellt; Filzstifte, Flipchartständer, Flipchartbögen, große Klebezettel (Haftnotiz oder selbstklebende Moderationskarten).
- Kopien des Leitbilds, der Satzung, ggf. des bereits vorhandenen Jugendkonzepts nach Anzahl der Teilnehmer:innen.
- Halten Sie auch einige Exemplare der DFB-Ausbildungsordnung bereit, vor allem wenn Sie noch kein eigenes Jugendkonzept besitzen (digitale Form ausreichend). Alternativ können Sie auch Jugendkonzepte anderer Vereine recherchieren und auslegen.
- Optional legen Sie Exemplare des TeamUp!-Trainerhandbuchs und der TeamUp!-Praxishilfe für Jugendleiter:innen für alle Teilnehmer:innen aus (hilfreich ist unter anderem die Werteliste → **Trainerhandbuch, ab Seite 30**, und in diesem Band, ab Seite 30).
- Zeitrahmen: rund drei Stunden.
- Teilnehmerkreis und -zahl: Jugendleiter:innen, Verantwortliche aus dem Vorstand, Trainer:innen und Betreuer:innen (maximal 20 Personen). Moderation: Sie und/oder jemand anderes, ggf. auch externe Moderation.
- Zeitrring (vor allem Getränke).

Ablauf

Orientierung

- Klären Sie nochmals, wozu Sie ein wertebildendes Jugendkonzept erstellen wollen. Erläutern Sie, was Werte sind und welche Bedeutung sie für den Jugendfußball haben. Erläutern Sie wichtige Grundlagen für die Wertebildung anhand des Schaubilds (Seite 23).
- Stellen Sie das Ziel und den Ablauf für den heutigen Workshop vor. Verweisen Sie darauf, dass die gemeinsam erarbeiteten Ergebnisse in das Jugendkonzept Ihres Vereins einfließen sollen.
- **Wichtig:** In diesem Workshop geht es um Werte und Wertebildung. Sportliche Aspekte des wertebildenden Jugendkonzepts werden in einem oder mehreren weiteren Workshop(s) thematisiert.

Arbeitsauftrag

- Stellen Sie – am besten mithilfe eines Flipcharts – die zentralen Fragen des Workshops vor:

Das wertebildende Jugendkonzept

Was wollen wir in der Jugendabteilung mit Wertebildung erreichen?

Welche Werthaltungen, Kompetenzen, Verhaltensweisen wollen wir fördern?

- Bitten Sie die Teilnehmer:innen, die Fragen zu beantworten. Dafür sollen alle Beteiligten die ausgeteilten Unterlagen (Leitbild, Satzung, evtl. Trainerhandbuch) zur Hilfe nehmen.
- Wenn die Gesamtgruppe nicht so groß ist, kann jeder/jede für sich arbeiten. Haben Sie mehr als zwölf Teilnehmer:innen, können Sie beispielsweise drei Kleingruppen bilden.
- Die Teilnehmer:inneen nehmen dafür die Klebezettel zur Hand und notieren, was sie aus den Dokumenten ersehen und welche Vorstellungen sie selbst dazu haben.
- Geben Sie dafür 45 Minuten Zeit.

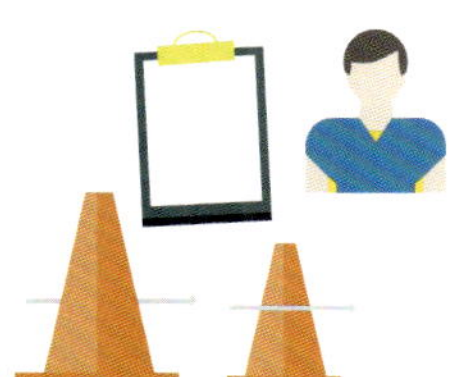

Präsentieren, sammeln, zusammenfassen

- Tragen Sie nun alle Punkte zusammen. Jede:r Teilnehmer:in – beziehungsweise jede Kleingruppe – soll seine/ihre eigenen Klebezettel an das Flipchart hängen und dabei die Inhalte kurz erläutern.
- Fassen Sie gemeinsam mit den Teilnehmer:innen ähnliche Punkte zusammen, indem sie die Zettel entsprechend gruppieren.
- Identifizieren Sie, was bereits im Leitbild oder anderen Konzepten steht.
- Identifizieren Sie, was neu ist.

Priorisieren und zu einem gemeinsamen Ergebnis gelangen

- Klären Sie nun gemeinsam mit den Teilnehmer:innen, welche Inhaltspunkte mehrheitlich auf Zustimmung treffen.
- Dabei stellen Sie die Frage, wie die verschiedenen Punkte von den einzelnen Teilnehmer:innen verstanden werden und wer welchen Punkt als besonders wichtig erachtet. Hierbei werden vermutlich Unterschiede deutlich, über die Sie sich austauschen sollten. Das ist wesentlich, denn erst wenn ein geteiltes Verständnis bestimmter Werte hergestellt ist, können alle ihr Handeln daran ausrichten, diese Werte bewusst vorleben und bei den Jugendlichen fördern (Kapitel 2.1: »Was sind Werte?«, Seite 28). Dasselbe gilt für die Kompetenzen, die die Jugendlichen brauchen, um wertorientiert handeln zu können, und die Sie und die Trainer:innen fördern möchten. Auch hier sollten Sie gemeinsam klären, was Sie und die anderen Teilnehmer:innen darunter verstehen.
- Neben der Verständigung über die Bedeutung der Werte und Kompetenzen ist zudem sinnvoll, eine Priorisierung vorzunehmen und zu klären, welche Werte und Kompetenzen Sie und die anderen Teilnehmer:innen als besonders wichtig erachten. So können Sie Schwerpunkte für die Wertebildung in Ihrem Verein setzen und die Arbeit mit den Jugendlichen darauf konzentrieren. Das schafft Klarheit und beugt zugleich Überforderung vor.
- Empfehlung für die Priorisierung: Sie sollten sich auf maximal sechs bis acht Werte verständigen, um diese in der weiteren Arbeit auch gut in den Blick nehmen zu können. Bei den Kompetenzen können es auch mehr sein, wenn sich diese realistisch in der pädagogischen Arbeit umsetzen lassen. Die Kompetenzen können Sie auch nach der Maßgabe auswählen, was für das Lernen und Leben der ausgewählten Werte besonders wichtig ist.
- Als Ergebnis sollten gemeinsam geteilte Werte und ein gemeinsames Verständnis von diesen sowie eine Auswahl von Kompetenzen stehen.

Widersprüche klären

- Tauchen Widersprüche zwischen Zielen und Werten auf, klären Sie gemeinsam, wie damit umgegangen werden soll. Beispiel: Gemeinschaftsorientierung versus Leistungsorientierung – wie lässt sich beides vereinen oder soll an dieser Stelle entschieden werden, wo der Schwerpunkt liegt? Möglicherweise benötigen Sie einen weiteren Workshop, um solche Fragestellungen zu bearbeiten. Dieser Aufwand lohnt sich jedoch, weil er dazu beiträgt, die Ziele für die wertebildende Jugendarbeit im Verein zu klären, sodass im Idealfall am Ende alle an einem Strang ziehen.

Abschluss

- Zum Abschluss geben Sie einen Ausblick auf den nächsten Workshop, in dem es darum geht, Maßnahmen zu entwickeln.

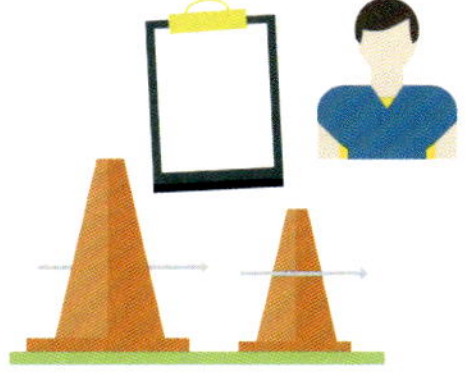

4. Schritt: Durchführung eines Maßnahmen-Workshops

Im Maßnahmen-Workshop erarbeiten Sie die Antwort auf die Frage nach dem Wie, also nach Maßnahmen, mit denen die im Werte-Workshop erarbeiteten Ziele für die Wertebildung erreicht werden sollen.

Rahmenbedingungen/Vorbereitung

- Heller, großer Raum (Vereinsheim).
- Tische, in U-Form gestellt; Filzstifte, Flipchartständer, Flipchartbögen, große Klebezettel.
- Kopien des Leitbilds, der Satzung, ggf. des bereits vorhandenen Jugendkonzepts nach Anzahl der Teilnehmer:innen.
- Halten Sie auch einige Exemplare der DFB-Ausbildungsordnung bereit (digitale Form ausreichend).
- Vor allem benötigen Sie den bisherigen Entwurf des wertebildenden Jugendkonzepts, also die Arbeitsergebnisse aus dem Werte-Workshop!
- Nutzen Sie die beiden Tabellen aus diesem Buch (Seite 52 und 53). Diese Tabellen finden die Teilnehmenden auch im Trainerhandbuch auf Seite 53 bzw. in dem Leitfaden für Lehrrefent:innen auf den Seiten 88–90.
- Zeitrahmen: rund drei Stunden.
- Teilnehmendenkreis und -zahl: Jugendleiter:innen, Verantwortliche aus dem Vorstand, Trainer:innen und Betreuer:innen (maximal 20 Personen).
- Moderation: Sie oder jemand anderes, z. B. externe Moderation.
- Catering (vor allem Getränke).

Ablauf

Orientierung

- Stellen Sie das Ziel und den Ablauf des Workshops vor. Verweisen Sie darauf, dass die Ergebnisse in das fertige Jugendkonzept einfließen sollen.
- **Wichtig:** In diesem Workshop geht es um Maßnahmen für den wertebildenden Jugendfußball. Sportliche Aspekte des wertebildenden Jugendkonzepts werden in einem/mehreren weiteren Workshop(s) thematisiert.

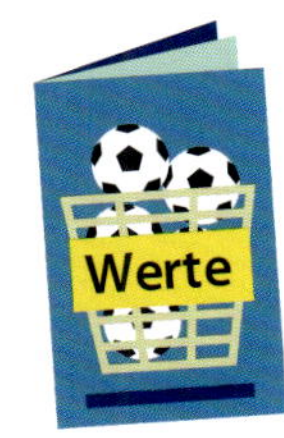

Arbeitsauftrag

- Stellen Sie – am besten mithilfe eines Flipcharts – die zentralen Fragen des Workshops vor:

Das wertebildende Jugendkonzept

Wie wollen wir Wertebildung in den Jugendfußball integrieren?

Welche Maßnahmen sind dafür geeignet?

Welche Maßnahmen sollen exemplarisch im Jugendkonzept aufgegriffen werden?

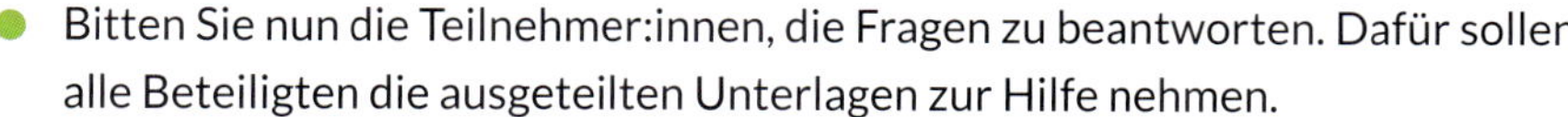

- Bitten Sie nun die Teilnehmer:innen, die Fragen zu beantworten. Dafür sollen alle Beteiligten die ausgeteilten Unterlagen zur Hilfe nehmen.
- Wenn die Gesamtgruppe nicht so groß ist, kann jeder/jede für sich arbeiten. Haben Sie mehr als zwölf Teilnehmer:innen, können Sie beispielsweise drei Kleingruppen bilden.
- Die Teilnehmer:innen nehmen dafür die Klebezettel zur Hand und notieren, was sie aus den Dokumenten ersehen oder selbst an Vorstellungen dazu haben.
- Die Teilnehmer:innen können zunächst für sich arbeiten. Nach 15 Minuten können etwa drei Kleingruppen gebildet werden, um die Aufgabe gemeinsam zu bearbeiten.
- Geben Sie dafür 45 Minuten Zeit.

Präsentieren, sammeln, zusammenfassen

- Jede:r Teilnehmer:in (beziehungsweise jede Kleingruppe) heftet den Klebezettel dazu an das Flipchart, präsentiert und erläutert seine/ihre Ergebnisse.
- Fassen Sie gemeinsam mit den Teilnehmer:innen ähnliche Punkte zusammen.

Priorisieren und zu einem gemeinsamen Ergebnis gelangen

- Klären Sie nun gemeinsam mit den Teilnehmer:innen, welche Ideen mehrheitlich auf Zustimmung treffen.
- Als Ergebnis sollten verschiedene Maßnahmen definiert werden, die umgesetzt werden sollen, um die im ersten Workshop gemeinsam erarbeiteten Werte und Kompetenzen zu fördern.
- **Empfehlung:** Einerseits sind viele Ideen eine positive Herausforderung und motivieren zur Umsetzung. Andererseits sollte die Umsetzung unter den gegebenen Rahmenbedingungen auch möglich sein. Setzen Sie also Schwerpunkte und treffen Sie eine Auswahl. Sie können die übrigen Ideen auch parken und sie sich zu einem anderen Zeitpunkt wieder vornehmen.

Abschluss

- Zum Abschluss geben Sie einen Ausblick auf den nächsten Workshop, in dem Sie die anderen Bestandteile des Jugendkonzepts erarbeiten wollen.

5. Schritt: Durchführung eines Jugendkonzept-Workshops

Im dritten Workshop erarbeiten Sie die übrigen Bestandteile des Jugendkonzepts. Alternativ arbeiten Sie die Ziele und Maßnahmen zur Wertebildung aus den ersten beiden Workshops in das bestehende Jugendkonzept ein.

- **Tipp:** Nutzen Sie für den Workshop die Übersicht »Bestandteile und Inhalte eines wertebildenden Jugendkonzepts«, Seite 71. Sie können auch Bestandteile weglassen oder weitere ergänzen.
- In diesem Workshop gehen Sie ähnlich vor wie in den beiden vorausgehenden: Mit den Teilnehmer:innen sammeln Sie inhaltliche Punkte zu den einzelnen Bestandteilen und Inhalten des Jugendkonzepts. Möglicherweise benötigen Sie auch hier mehrere Workshops, um alle Aspekte erarbeiten zu können.
- Sämtliche Ergebnisse werden dokumentiert und in einem Entwurf zusammengefasst.
- Sämtliche Teilnehmer:innen erhalten den schriftlichen Entwurf des wertebildenden Jugendkonzepts und können weitere Anmerkungen vornehmen.
- Aus dem Entwurf wird so durch einen oder mehrere Überarbeitungsschritte eine Endfassung. Als Jugendleiter:in übernehmen Sie dabei die Aufgabe der Redaktion, das heißt, Sie arbeiten mögliche Änderungswünsche ein und besprechen widerstreitende Vorstellungen mit den Beteiligten. Suchen Sie sich dafür Unterstützung – etwa im Abteilungsvorstand oder bei den Trainer:innen.
- In einer Sitzung des Abteilungsvorstands oder bei einer Jugendtrainersitzung verabschieden Sie die Endfassung und legen diese dem Gesamtvorstand zur Billigung vor.
- Die finale Version des wertebildenden Jugendkonzepts wird veröffentlicht (Website, Vereinszeitung, Aushang, Verteilung …).

Praxisübung: Werteplakate in allen Jugendmannschaften

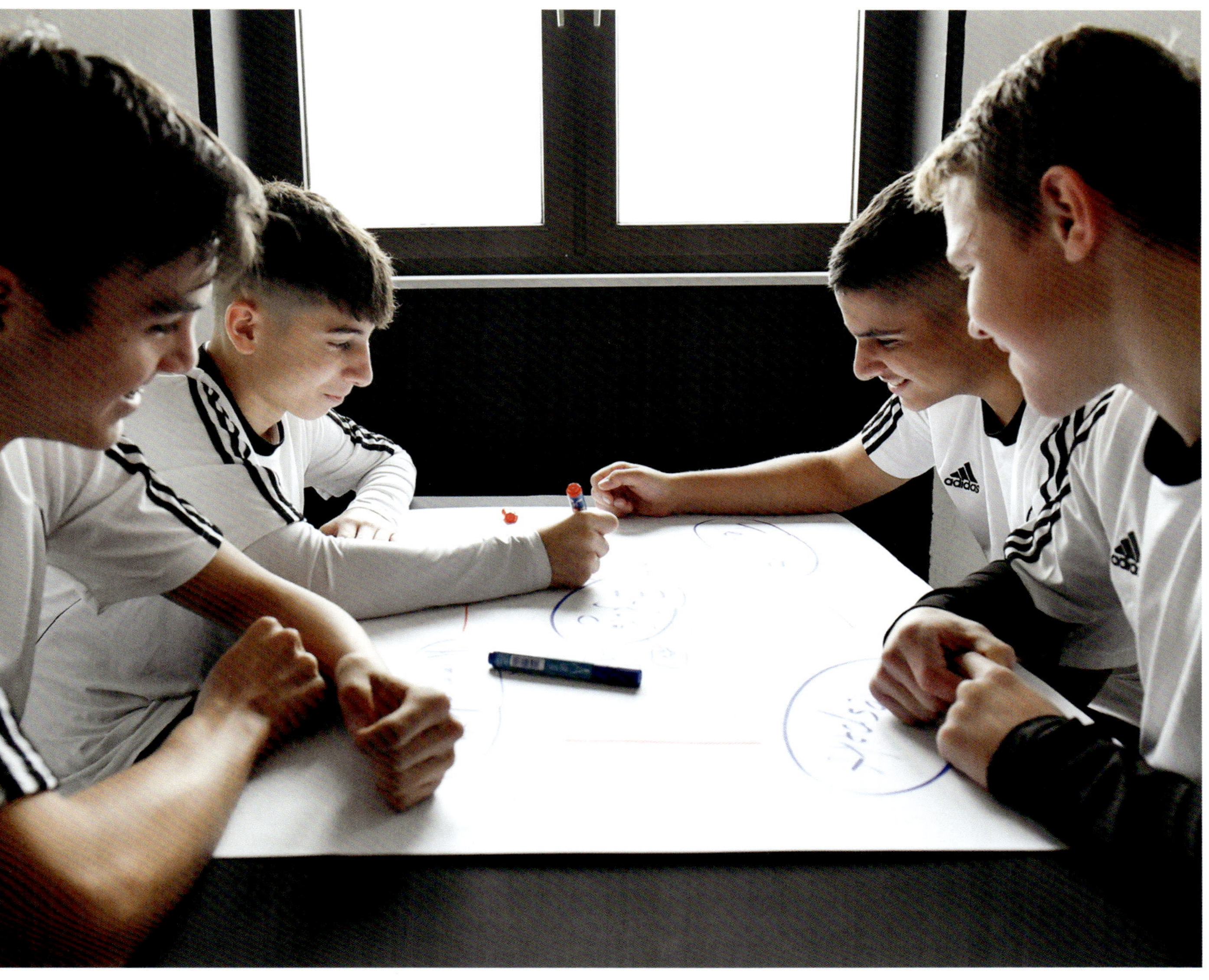

Jugendspieler erstellen ein Werteplakat.

Eine wirkungsvolle Übung zur Erarbeitung von Mannschaftswerten ist das Werteplakat. Jugendtrainer:innen leiten ihre Spieler:innen dabei an, gemeinsam Werte zu benennen und zu reflektieren, die ihnen für ihr Team wichtig sind. In einer Trainersitzung können Sie vereinbaren, dass alle Jugendmannschaften ein solches Werteplakat erarbeiten. Sie können dies gemeinsam mit den Jugendtrainer:innen vorbereiten. Alle Informationen und die Anleitung dazu finden Sie im → **Trainerhandbuch (siehe Kapitel 4: »Werte mit der Mannschaft zum Thema machen«, ab Seite 63)**.

Zur Vorbereitung sollten die Trainer:innen den Jugendlichen vorstellen, welche Werte im Jugendleitbild formuliert sind. Entscheidend ist dann aber, dass die Jugendlichen ihre eigenen Mannschaftswerte entwickeln. Vertrauen lohnt sich: Die Mannschaftswerte der Jugendspieler:innen stehen höchst selten im Widerspruch zu den Vereins- oder Abteilungswerten. Falls das doch vorkommen sollte, empfiehlt sich das Gespräch mit den Jugendlichen.

Alles, was Sie und Ihre Trainer:innen für diese Übung brauchen, steht im Trainerhandbuch. Um aber ein gemeinsames Verständnis in Bezug auf den Sinn des Werteplakats zu entwickeln und das Vorgehen besser abzustimmen, sollten folgende Aspekte beachtet werden.

1. Vertraut sein mit dem TeamUp!-Konzept

Die Trainer:innen und Betreuer:innen sollten das TeamUp!-Konzept gut kennen. Einige Grundlagen sind während der gemeinsamen Arbeit am wertebildenden Jugendkonzept gelegt worden. Das Trainerhandbuch bietet darüber hinaus hilfreiche und umfangreiche Unterstützung und kann von Ihnen als Jugendleiter:in in einer Trainersitzung vorgestellt werden.

2. Was die Trainer:innen für die Wertebildung tun können (direkt/indirekt)

Verdeutlichen Sie den Trainer:innen und Betreuer:innen, welche Schlüsselrolle sie in Bezug auf die Wertebildung der Jugendspieler:innen einnehmen. Sie können den direkten Weg gehen und Werte explizit zum Thema machen (beispielsweise ein Werteplakate erstellen) oder indirekt wirken, etwa indem sie ihre Vorbildrolle ernst nehmen und bewusst wertschätzende und vertrauensvolle Beziehungen pflegen. Am besten ist es, wenn Sie beides kombinieren (→ **Trainerhandbuch, Seite 52 f.**).

3. Eigene Werte, Haltungen und Vorbildrolle reflektieren

Die Trainer:innen sollten für sich selbst eine Werte- und Rollenreflexion vorgenommen haben (→ **Trainerhandbuch, Seite 29 ff., 55 und 60 ff.**).

4. Mannschaftswerte erarbeiten, Regeln ableiten

Gemeinsam mit ihren Spieler:innen können die Trainer:innen dann mithilfe der Übung »Werteplakat« Mannschaftswerte erarbeiten und daraus auch konkrete Verhaltensregeln ableiten. Solche gemeinsamen Werte und Regeln geben Orientierung für das Miteinander, unterstützen die Persönlichkeitsentwicklung der Jugendspieler:innen, schweißen das Team zusammen und helfen dabei, gemeinsam den Trainingsalltag zu gestalten und auf sportliche Ziele hinzuarbeiten (→ **Trainerhandbuch, ab Seite 63**).

5. Werte und Regeln mit der Mannschaft leben

Das Werteplakat bildet die Grundlage, um die erarbeiteten Mannschaftswerte und Regeln im Alltag auch zu leben. Dafür sollten die Trainer:innen ihre Vorbildrolle bewusst wahrnehmen und diese Werte vorleben. Darüber hinaus können sie auf vielfältige Weise Jugendliche dabei unterstützen, selbst wertorientiert zu handeln und das eigene Verhalten bewusst an den gemeinsamen Werten auszurichten. Beispielsweise können die Trainer:innen wertschätzende Kommunikation und den konstruktiven Umgang mit Konflikten mit den Jugendlichen einüben. Sie können ihre Jugendspieler:innen durch die Übertragung von Aufgaben im Trainingsalltag beteiligen, Kooperations- und Vertrauensübungen ins Training integrieren und wertebildende Trainingseinheiten mit anschließender Wertereflexion durchführen.

6. In der Saison an den Werten dranbleiben

Im weiteren Verlauf der Saison sollten die Trainer:innen immer wieder Bezug auf die gemeinsamen Werte nehmen und sie anlassbezogen zum Thema machen. Dadurch geben sie den Jugendlichen die Möglichkeit, ihre eigenen Werte und ihr Verhalten zu reflektieren und dieses bewusst an Werten auszurichten. Solche Anlässe können Meinungsverschiedenheiten und Konflikte sein, aber auch andere Themen, die einer Klärung bedürfen und eine Bedeutung für das Miteinander haben (→ **Trainerhandbuch, ab Seite 89**).

7. Reflexion von Übungen und Trainingssituationen

Werte lassen sich auch zum Thema machen, indem Übungen und Trainingssituationen reflektiert werden, in denen es um Werte geht. Dazu können Fragen zum Verhalten während des Trainings dienen und die Bezugnahme auf Werte wie Teamgeist, Fairness, Verantwortung oder Kooperation (→ **Trainerhandbuch, Teamübungen ab Seite 93 und wertebildendes Fußballtraining ab Seite 119**). Legen Sie den Jugendtrainer:innen die Reflexion sämtlicher Übungen, auch des Werteplakats, besonders ans Herz!

Das wertebildende Jugendkonzept den Eltern vorstellen

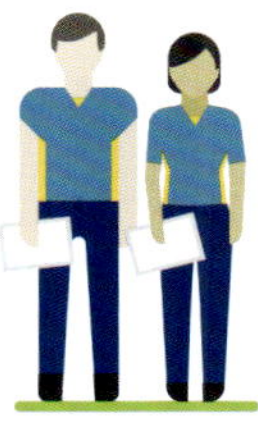

Betrachten Sie die Eltern als Kooperationspartner:innen und beziehen Sie sie als Unterstützer:innen in Ihre wertebildende Jugendarbeit ein. Je mehr die Eltern über die Haltung des Vereins und der Trainer:innen informiert sind, umso besser verstehen sie, worauf sich einzelne Entscheidungen in Bezug auf ihr Kind und die Mannschaft gründen. Je mehr ihnen die Entscheidungen einleuchten, umso weniger Grund gibt es für Kritik. So legen Sie die Grundlage dafür, dass alle Beteiligten an einem Strang ziehen, weil es eine Kultur gibt, die sich an gemeinsamen, für alle erkennbaren Werten orientiert.

Begleitend zur wertebildenden Arbeit im Jugendfußball bieten sich Elternsitzungen an. Hier können Sie die Eltern über das wertebildende Jugendkonzept, über vereinbarte Werte und Verhaltensregeln informieren und erläutern, warum diese Werte gelten sollen. Erklären Sie den Eltern auch, dass Sie bewusst und systematisch wertebildend arbeiten, etwa mit dem TeamUp!-Konzept.

Bei den Elternsitzungen ist auch Raum, um Erwartungen zu formulieren. Idealerweise sollten Sie dabei ein für alle Jugendmannschaften einheitliches Vorgehen abstimmen. Es kann auch sinnvoll sein, gemeinsam mit den Eltern eigene Regeln für ein faires und respektvolles Elternverhalten zu entwickeln. Viele Vereine haben so etwas bereits, weil Bedarf dafür besteht. Während der Saison können Sie dann darauf verweisen und darum bitten, Sie und Ihre Trainer:innen arbeiten zu lassen – was etwa notwendig werden kann, wenn sich Eltern am Spielfeldrand hörbar einmischen.

Bei individuellen Problemen mit einem/einer Spieler:in ist es sinnvoll, die Eltern in einem persönlichen Gespräch einzubeziehen. Dabei kann es unterschiedliche Auffassungen geben. Die Eltern werden eine mögliche kritische Sicht eher verstehen, wenn Ihre beziehungsweise die Haltung des Vereins klar ist. Hierbei ist es hilfreich, auf gemeinsam verabredete und schriftlich niedergelegte Werte und Regeln verweisen zu können. Dann können Sie den Eltern, falls nötig, höflich, aber bestimmt vermitteln, dass sie sich entgegen diesen Regeln verhalten haben oder ihr Kind ein unfaires Verhalten gezeigt hat.

Notizen

Wertebildende Jugendarbeit im Verein umsetzen

5

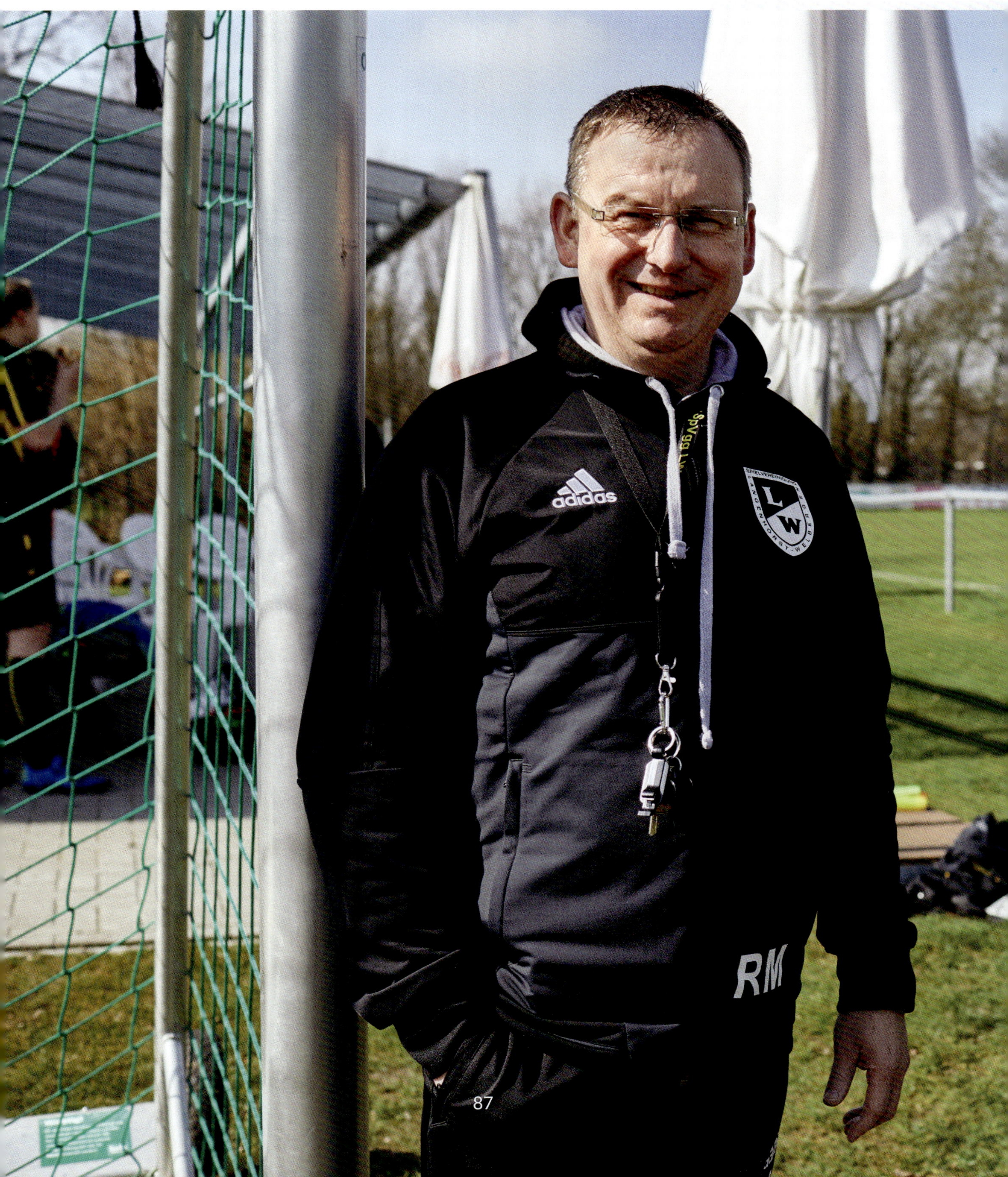

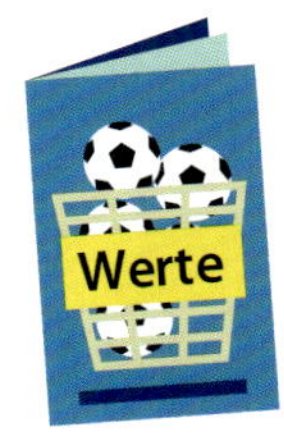

Mit einem wertorientierten Jugendkonzept und daraus abgeleiteten Leitlinien für Jugendtrainer:innen (siehe Kapitel 4, ab Seite 61) haben Sie eine wichtige Grundlage für die wertebildende Jugendarbeit in Ihrem Verein geschaffen: Sie haben Wertebildung als wichtigen Aspekt der Vereinsjugendarbeit festgeschrieben, sich auf gemeinsame Werte verständigt und Ziele für die Wertebildung definiert. Außerdem haben Sie wertebildende Maßnahmen formuliert, um die Ziele zu erreichen. Jetzt geht es darum, eine wertebildende Jugendarbeit auch umzusetzen. Andernfalls bleibt das Jugendkonzept nur ein Stück Papier und das Engagement für Wertebildung ein Lippenbekenntnis ohne Wirkung.

Bei der Umsetzung sind in erster Linie Sie als Jugendleiter:in gefragt. Allerdings kommen Sie am besten mit vereinten Kräften weiter: Zusammen mit Ihnen sollen sich Jugendspieler:innen, Trainer:innen, Betreuer:innen wie Eltern für die gemeinsame Sache – die Wertebildung im Jugendfußball – einsetzen. Sie alle gilt es also dafür zu gewinnen.

Als Jugendleiter:in schaffen Sie – gemeinsam mit den anderen Verantwortlichen – den organisatorischen Rahmen, innerhalb dessen Wertebildung gefördert und gemeinsame Werte gelebt werden. Was Sie direkt und indirekt für die Wertebildung tun können, haben Sie bereits in Kapitel 3 (ab Seite 47) im Überblick erfahren.

Um bei der Umsetzung wertebildender Jugendarbeit systematisch vorzugehen und die gesamte Jugendabteilung in den Blick zu nehmen, ist das 4-M-Modell hilfreich. Dabei handelt es sich um ein bewährtes Konzept wertorientierter Vereinsentwicklung, das sich gut auf die wertebildende Arbeit in der Jugendabteilung übertragen lässt. Dem Modell liegt ein Führungs- und Organisationsverständnis zugrunde, bei dem der Mensch im Mittelpunkt steht. Vier Dimensionen, nämlich Management, Miteinander, Mitarbeit und Motivation, greifen hier ineinander und ermöglichen es, Werte zu leben und Wertebildung insbesondere indirekt zu fördern – also durch das Erleben und Erfahren von Werten. In jeder Dimension ergeben sich klare Aufgaben und Entwicklungsmöglichkeiten für die Jugendabteilung. So lässt sich wertorientiertes Handeln systematisch und strukturiert fördern und umsetzen.

Entscheidend hierbei ist, die Eigenverantwortung der Trainer:innen, insbesondere aber auch der Jugendspieler:innen zu fördern und zu stärken. Für die Persönlichkeitsentwicklung ist das wesentlich. Anspruch sollte sein, die Jugendspieler:innen zu unterstützen, sich zu selbstständigen und mündigen Mitgliedern der Gesellschaft zu entwickeln. Dabei stehen Bedürfnisse und die Motivation aller Beteiligten im Mittelpunkt.

Dimensionen und Aufgaben für die Leitung der Jugendabteilung

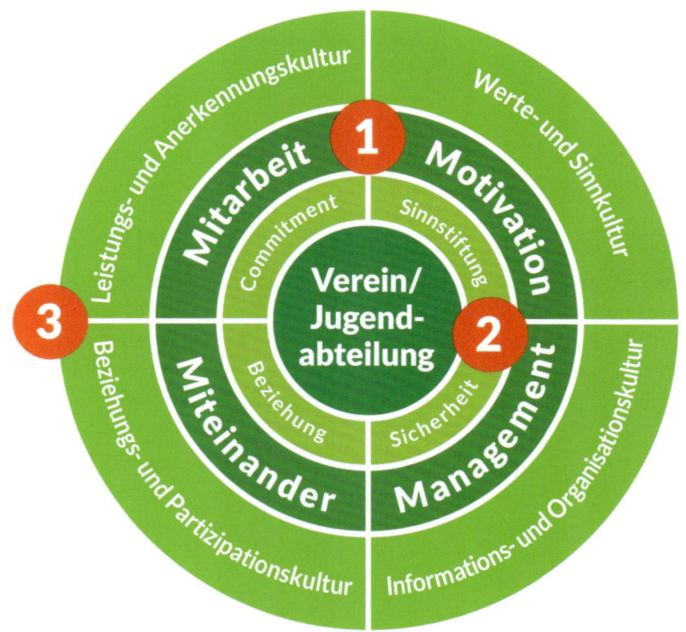

Quelle: Deutsches Empowerment-Institut

Legende: (1) »4 M« – vier Dimensionen werteorientierter Vereinsentwicklung: Management, Miteinander, Mitarbeit, Motivation; (2) Grundaufgaben dieser Dimensionen – Sicherheit, Beziehung, Commitment, Sinnstiftung; (3) Kulturfaktoren dieser Dimensionen – Organisation und Information, Beziehung und Beteiligung, Leistung und Anerkennung, Werte und Sinn.

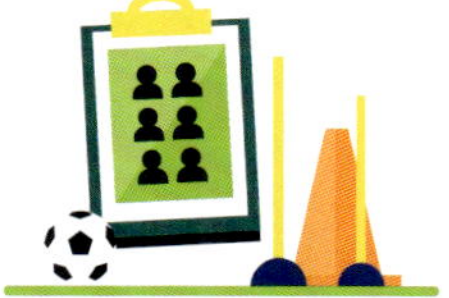

5.1 Management – Organisation und Information (Kommunikation)

Die Dimension »Management« zielt auf die klassische Leitungsrolle, die Sie als Jugendleiter:in innehaben, und umfasst daher vor allem organisatorische und kommunikative Aufgaben (siehe Tabelle Seite 90). Sicherheit wird in dieser Dimension als Grundaufgabe verstanden: Eine gute Organisation und funktionierende Informationsflüsse schaffen einen sicheren Rahmen für die wertebildende Jugendarbeit.

Die Art und Weise, wie Sie die Vereinsjugendarbeit organisieren und wie Sie die Kommunikation gestalten, ist für die Wertebildung entscheidend. Denn durch die Organisations- und Informationskultur werden Werte gelebt. Gewährleisten Sie deswegen, dass alle Zielgruppen die Informationen erhalten, die sie benötigen, und sorgen Sie für transparente Abstimmungsvorgänge in der Jugendabteilung. So leben Sie die Werte Transparenz und wertschätzende Kommunikation. Mit einer für alle nachvollziehbaren und gerechten Platz- und Hallenbelegung wird der Wert Gerechtigkeit vorgelebt. Wertorientiertes Handeln zeigt sich auch im respektvollen Umgang mit allen Beteiligten, in der fairen Gestaltung von Spielerwechseln oder in der Bereitstellung einer qualitativ hochwertigen Ausstattung. In allen Managementaufgaben steckt also ein klarer Wertebezug, den Sie im Sinne der Wertebildung nutzen können. Nehmen Sie dafür die Werte, die Sie gemeinsam mit anderen Verantwortlichen im Jugendkonzept verankert haben, bewusst in den Blick und überlegen Sie sich, wie Sie das Management der Jugendabteilung daran ausrichten können. Anregungen zu einer transparenten, wertschätzenden und gewaltfreien Kommunikation finden Sie in Kapitel 6 (Seite 101).

Management: Aufgaben

Organisation	Information (Kommunikation)
■ Budget ■ Gerätewartung ■ Ausstattung ■ Platz- und Hallenbelegung ■ Trainingszeiten ■ Ligabetrieb (Spielplan, Passwesen, Sportgericht) ■ Turniere ■ Spielverlegungen ■ Spielerwechsel ■ Transportorganisation ■ Klärung grundlegender Rechts- und Satzungsfragen ■ Verwaltung ■ Gremienarbeit im Verein ■ Planung von Veranstaltungen	■ Kommunikation mit dem Verband ■ Abstimmung mit dem Trainerteam (z. B. Kabinennutzung, neue:r Trainer:in/ Betreuer:in, Platzbelegung, Trainingszeiten) ■ Informationsfluss zu Eltern und Jugendspieler:innen ■ Abstimmungen mit dem Vorstand, den Abteilungen ■ Abstimmungen mit dem/der Platzwart:in (z. B. Platzaufbau und Nutzung) ■ Wissensmanagement, z. B. Checklisten (wie, wo, was, wer, wann) ■ Öffentlichkeitsarbeit (z. B. Social-Media-Kanäle bedienen, Pressefotos machen) ■ Zusammenarbeit und Kommunikation auch mit anderen Vereinen, Kreisverbänden sowie mit dem Verband

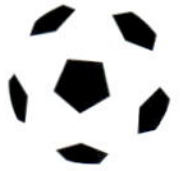
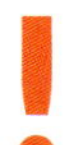

Tipp: Auch die Eltern gut informieren

- Infoabend zum Saisonbeginn
- Nutzung digitaler Austauschforen und Messenger-Dienste
- auf Netiquette achten
- Verteilen von Handzetteln und Infobriefen
- Schnellinformationen für alle nach Training/Spiel
- regelmäßige Elternabende
- Gründung eines Elternstammtischs
- individuelle Gespräche mit Eltern
- gemeinsame Sportangebote für Jugendliche und Eltern

Quelle (bearbeitet): https://www.dfb.de/trainer/f-juniorin/artikel/die-eltern-mit-ins-boot-holen-146/

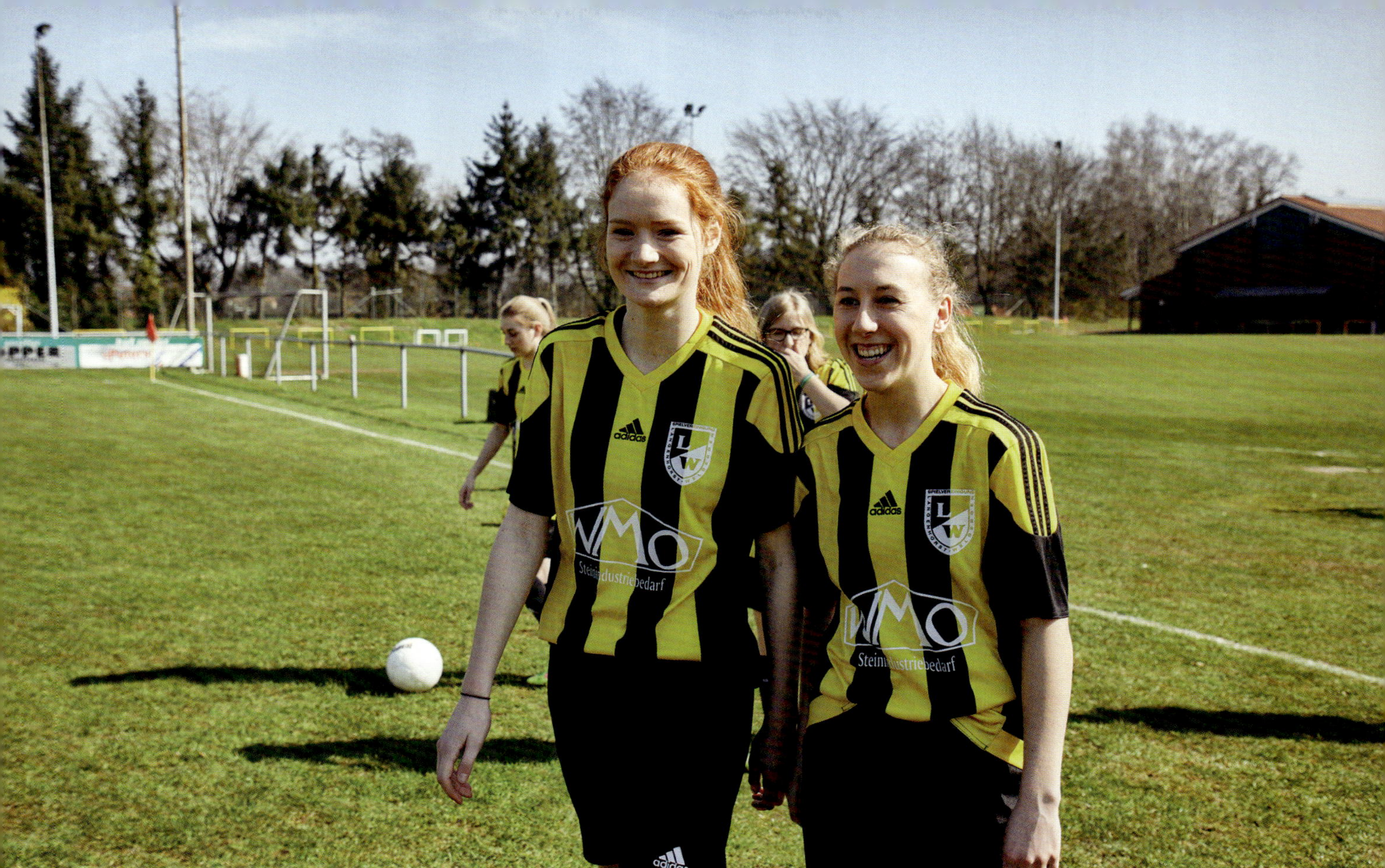

5.2 Miteinander – Beziehungen und Partizipation ermöglichen

Stimmt das Miteinander, entstehen vertrauensvolle Beziehungen.

Die Dimension »Miteinander« umfasst die Aspekte Beziehungen und Beteiligung und rückt damit die Grundaufgabe Beziehung in den Vordergrund (siehe Abbildung Seite 89). Ihre Jugendabteilung ist nichts anderes als eine soziale Gemeinschaft. Um hier ein gutes Miteinander zu ermöglichen, sollten Sie als Jugendleiter:in daher Beziehungsaspekte im Blick haben. Für ein gelingendes Miteinander können Sie den Rahmen setzen, indem Sie einen wertschätzenden, respektvollen Umgang etablieren, vertrauensvolle Beziehungen aufbauen und pflegen, Anteilnahme und echtes Interesse zeigen sowie den Mitgliedern die Möglichkeit geben, sich an Aktivitäten in der Abteilung zu beteiligen. Durch Partizipation können Sie Verantwortungsübernahme, Engagement und die Identifikation mit dem Verein fördern.

Das zahlt auf die Wertebildung ein. Denn eine gute Beziehungs- und Beteiligungskultur der Jugendabteilung zeichnet sich dadurch aus, dass Werte wie Respekt, Wertschätzung, Vertrauen, Verständnis, Akzeptanz und Interesse am anderen im Umgang miteinander gelebt werden. Damit wird die wertorientierte Persönlichkeitsentwicklung der Jugendspieler:innen gefördert. So können sie wertorientiertes Handeln erfahren und einüben sowie Kompetenzen wie Empathie, Kommunikationsfähigkeit und Beziehungsfähigkeit entwickeln.

In der Gestaltung des Miteinanders steckt also ebenfalls ein klarer Wertebezug, den Sie für die Wertebildung nutzen können. Auch hierfür sollten Sie sich die in Ihrem Jugendkonzept verankerten Werte bewusst vor Augen führen und Ihren Beitrag dazu leisten, dass alle Beteiligten diese Werte im Umgang miteinander leben. Gemeinsam mit Trainer:innen und Betreuer:-

innen können Sie Maßnahmen planen und umsetzen, um vertrauensvolle Beziehungen zu den Jugendlichen aufzubauen sowie sie zu beteiligen und ihr wertorientiertes Handeln zu fördern.

Miteinander: Aufgaben

Beziehung	Beteiligung
• Menschen als Menschen anerkennen • Kennenlernen organisieren • Beziehungen stiften und pflegen • Teambildung und Teamentwicklung als dauerhafte Aufgaben etablieren, Zeit und Raum dafür zur Verfügung stellen • Feste und Feiern veranstalten • gemeinsame Ausflüge und Fahrten organisieren • Trainertag/-klausur organisieren • Gespräche führen • konstruktives Arbeitsklima und gute Atmosphäre schaffen • echtes und wahres Interesse zeigen • Werte wie Vertrauen, Offenheit, Aufrichtigkeit, Verständnis, Respekt in den Umgang miteinander integrieren	• Beteiligungsmöglichkeiten bieten, Verantwortungsübernahme fördern • als Verein offen auch für Außenstehende sein, die mitmachen wollen • Interessen, Bedürfnisse und Wünsche von Trainer:innen, Eltern und Jugendspieler:innen abfragen, kennen und darauf eingehen • Streitkultur und gewaltfreie Kommunikation einüben, Kränkungen vermeiden, andere Meinungen zulassen, Teamprozesse moderieren • gemeinsames Ziel und gemeinsame Aufgaben im Blick behalten, gemeinsame Erlebnisse schaffen, Erfahrungen teilen (proaktiv mit Erfolgen und Niederlagen umgehen) • Austausch pflegen

Ein besonderer Aspekt des Miteinanders: Teamentwicklung

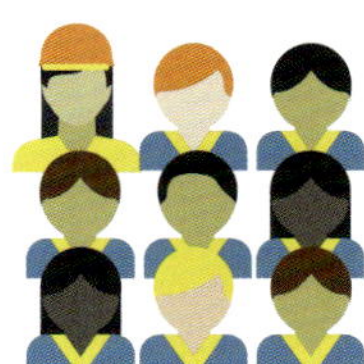

Ein wichtiges Ziel von Teamentwicklung ist ein starker Zusammenhalt im Team. Für die Wertebildung ist Teamentwicklung deshalb bedeutend, weil hier die Beziehungen untereinander und die Beteiligung (also die Möglichkeit mitzumachen) einen besonderen Raum einnehmen.

Dabei kommt es darauf an, Vertrauen in sich und andere zu entwickeln, aufeinander zu achten und miteinander zu kooperieren. Das bedeutet immer auch, geteilte Werte zu leben – oder zu erkennen, was passiert, wenn sie nicht beachtet werden. Eine aktive Teamentwicklung ist daher ein gutes Mittel, um ein Wir-Gefühl zu entwickeln, Teamgeist zu wecken und Vertrauen aufzubauen. Sie zahlt außerdem auf den sportlichen Erfolg ein.

Über Teamentwicklungsmaßnahmen können Sie die Werte, die Sie in der Jugendabteilung erarbeitet haben, auf den unterschiedlichen Ebenen fördern: mit dem Abteilungsvorstand, im Trainerstab, mit den Mannschaften. Gemeinsam mit den Jugendtrainer:innen können Sie beispielsweise regelmäßig mit den Jugendlichen etwas unternehmen – sei es eine Kanufahrt, eine Radtour oder ein Besuch im Hochseilgarten. Solche Aktionen können Sie sowohl mannschaftsbezogen als auch mannschaftsübergreifend gestalten. Im Trainingsalltag sind erlebnispädagogische Kooperations- und Vertrauensübungen dazu geeignet, den Mannschaftszusammenhalt und Teamgeist zu stärken. Auch gemeinsame Rituale (z. B. ein Grillabend nach einem erfolgreichen Spiel), eine wertschätzende Feedbackkultur und die Reflexion von Niederlagen oder Erfolgen können zur Teamentwicklung beitragen. Ebenso zahlt es auf die Teamentwicklung ein, wenn Sie die Arbeit in der Jugendabteilung kooperativ gestalten und Zusammenarbeit zwischen den Beteiligten fördern (z. B. Konzepte gemeinsam erarbeiten; Aktivitäten gemeinsam planen).

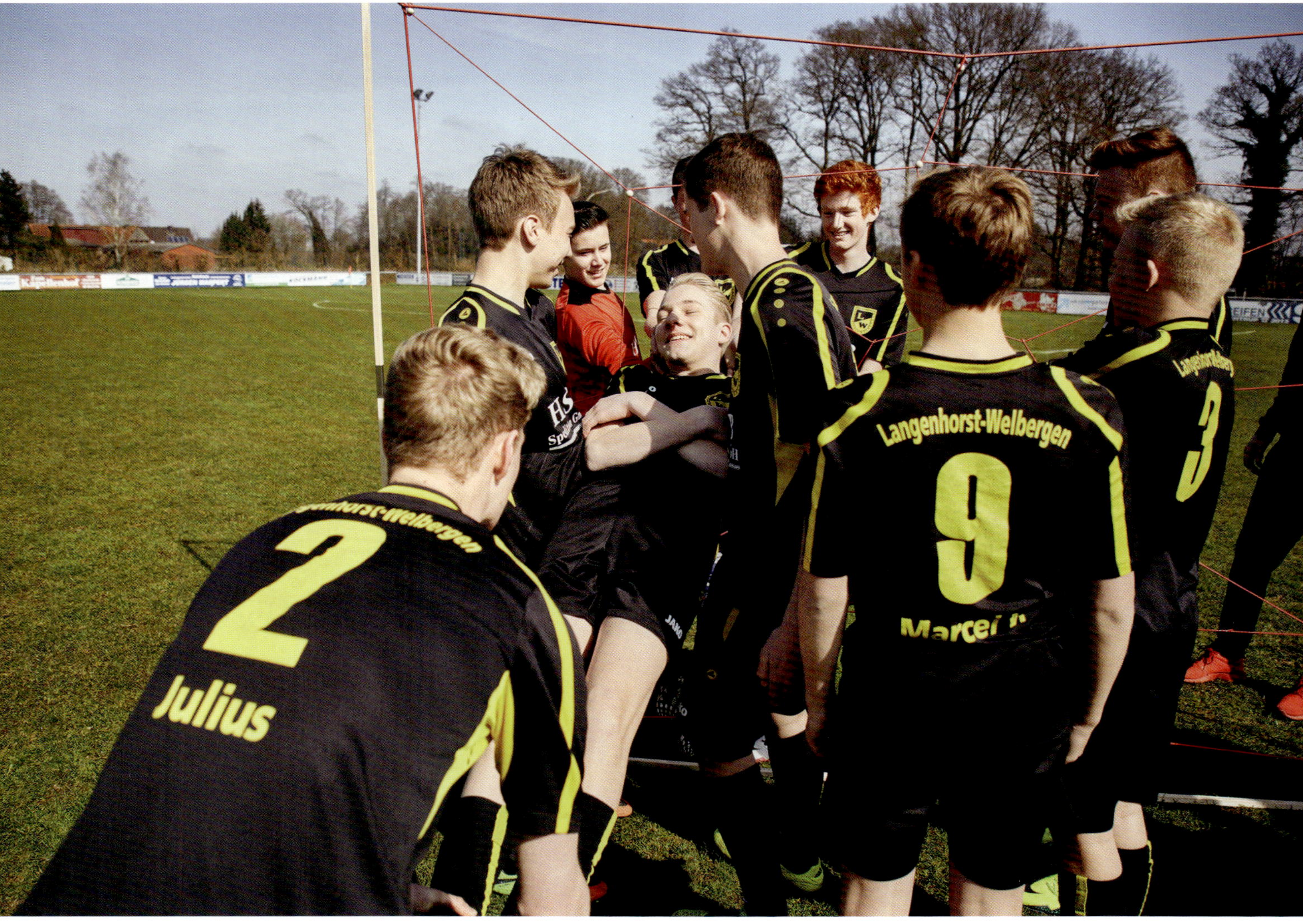

Teamübungen tragen wesentlich zur Wertebildung bei.

So setzen Sie Methoden und Maßnahmen der Teamentwicklung in der Jugendabteilung ein:

Teambuilding mit Führungsteam und Trainerstab	Teambuilding mit den Jugendlichen
■ auf Teamarbeit setzen ■ gemeinsam Rollen und Aufgaben definieren ■ Abteilungsklausur (Ziele klären, Zusammenarbeit und Kommunikation verbessern) ■ gemeinsam ein Konzept für die sportliche Entwicklung erstellen ■ gemeinsam ein Konzept für die Wertebildung entwickeln und gemeinsam Maßnahmen planen und durchführen (Wertebildung konzeptionell verankern, z. B. im Jugendkonzept; wertebildendes Fußballtraining; Teamübungen usw.) ■ Ausflüge (z. B. Städtetour) und Aktionen (z. B. Hospiz unterstützen) ■ erlebnispädagogische Übungen (z. B. Koordinations- und Kooperationsspiele) und Ausflüge (z. B. Hochseilgarten) ■ regelmäßige Trainersitzungen	■ Vereinsturnier ■ Grillabende ■ Wanderausflüge ■ mannschaftsübergreifende Aktionen im Verein ■ erlebnispädagogische Übungen (z. B. Koordinations- und Kooperationsspiele) und Ausflüge (z. B. Hochseilgarten) ■ gemeinsame Rituale für das Team etablieren (z. B. Choreos, Abklatschen) ■ Werteplakate in den Mannschaften ■ Mannschaftsrat ■ Spielersitzung ■ Feiern und Feste ■ Erfolge feiern, Niederlagen reflektieren ■ Sommerlager/Zeltferien/Fußballlager

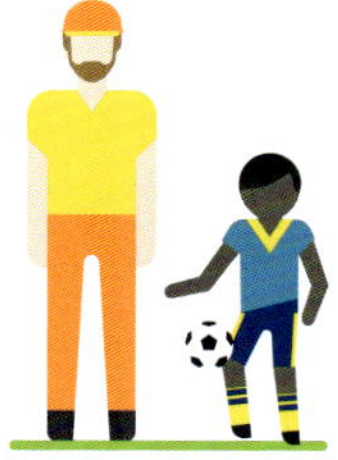

5.3 Mitarbeit – Eigenverantwortung fördern

Die Dimension »Mitarbeit« zielt auf das, was die Jugendspieler:innen, aber auch Trainer:innen und Betreuer:innen im Einzelnen leisten können (und sollen) – und auf die Anerkennung, die sie dafür erhalten. Ihre Aufgabe als Jugendleiter:in ist es, für einen Rahmen zu sorgen, in dem alle Beteiligten ausreichend Beachtung finden, sich entfalten und ihren Beitrag leisten können. Leistung bezieht sich dabei auf Können, die Entfaltung individueller Möglichkeiten, Kompetenzen und Talent – aber auch auf Verantwortungsübernahme. Commitment (englisch für: Selbstverpflichtung oder Engagement) ist hier die Grundaufgabe. Alle sollen sich ihrer Aufgaben bewusst sein, sie bei entsprechender Anleitung und Unterstützung möglichst eigenverantwortlich ausüben können und sich ihnen verpflichtet fühlen. Konkret bedeutet das beispielsweise: Jugendspieler:innen übernehmen Verantwortung im Spielerrat oder als Spielführer:in, sie bringen

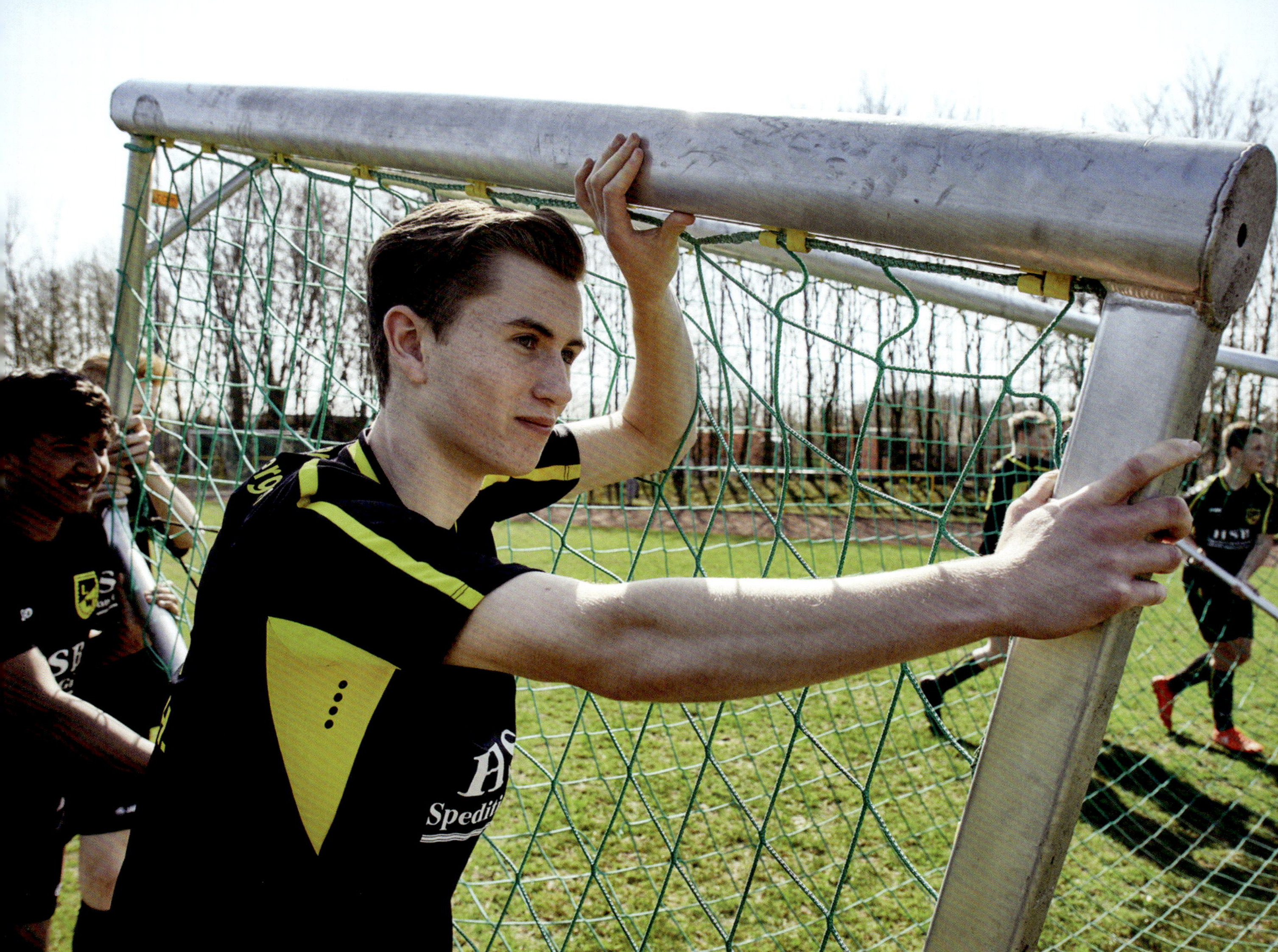

Gemeinsam das Training vorbereiten – so fängt Mitarbeit im Kleinen an.

sich ein im Training und Vereinsalltag. Trainer:innen und Betreuer:innen bilden sich fort, etwa zu Trainingsmethoden oder auch zur Wertebildung, und setzen das Gelernte dann mit der eigenen Mannschaft um.

Für das Commitment spielt auch die Anerkennung dessen eine wichtige Rolle, was der oder die Einzelne zum Team-, Abteilungs- und Vereinsleben beiträgt. Denn aus Anerkennung entsteht Motivation. Im Jugendfußball ist sicherlich die Anerkennung der sportlichen Entwicklung und der Erfolge einzelner Spieler:innen und Teams besonders bedeutsam. Im Alltag gibt es aber viele Aufgaben und Aktivitäten, die Anerkennung verdienen. Diese Anerkennung kann in einem Wort des Dankes zum Ausdruck kommen, aber auch wertschätzendes Feedback und gute Ratschläge können dazu beitragen, Jugendliche in ihrer Persönlichkeitsentwicklung zu unterstützen.

Indem Sie eine nachhaltige Leistungs- und Anerkennungskultur bewusst gestalten, fördern Sie wichtige Werte und Kompetenzen im Jugendfußball. Dazu zählen etwa Verantwortung, Selbstverwirklichung, Respekt, Miteinander, Wertschätzung, Beteiligung, Verständnis, Vertrauen, Entwicklung und Interesse am anderen. Durch eigenverantwortliches Mitarbeiten werden zudem wichtige Kompetenzen gefördert wie Entscheidungsfähigkeit, Problemlösungsfähigkeit, kritisches und kreatives Denken sowie Selbstwahrnehmung. All dies zahlt auf die Wertebildung der Jugendlichen ein.

Nehmen Sie auch für diese Dimension die im Jugendkonzept verankerten Werte in den Blick und fördern Sie in ihrer Abteilung das Lernen und Leben dieser Werte. Bei den Jugendlichen geht es in der Dimension »Mitarbeit« insbesondere um die Persönlichkeitsentwicklung. Stärker als in den anderen Dimensionen ist hier der Beitrag des und der Einzelnen gefragt – entsprechend gilt es, die Eigenverantwortung der Jugendlichen zu fördern. Überlegen Sie dazu gemeinsam mit Trainer:innen, Betreuer:innen, aber auch den Jugendspieler:innen, an welchen Stellen Aufgaben zu verteilen sind, wie der Beitrag des/der Einzelnen aussehen kann und wie Sie dafür Anerkennung zum Ausdruck bringen wollen. Schaffen Sie Möglichkeiten zum Lernen und Wachsen, für die sportliche und die persönliche Entwicklung Ihrer Jugendspieler:innen.

Mitarbeit: Aufgaben

Leistung	Anerkennung
■ klare Rollen- und Aufgabenverteilung im Team von Jugendleiter:innen, Trainer:innen, Betreuer:innen ■ Aufgaben personen- und themenbezogen vergeben ■ Selbstverwirklichung und Selbstbestätigung in der Verantwortungsübernahme fördern ■ Aufgaben attraktiv gestalten, Überforderung vermeiden, tradierte Aufgaben auf den Prüfstand stellen, Aufgaben kontrollieren ■ Verbindlichkeit von Beschlüssen und Vereinbarungen gewährleisten ■ Aufgaben verschriftlichen, Ergebnisse kontrollieren, Protokoll als Gedächtnis verstehen ■ Fortbildungen ermöglichen	■ Anerkennung und Dank ■ Feedback geben ■ konstruktive Kritik ermöglichen ■ aus Fehlern lernen dürfen und lernen ■ Rückversicherung einholen ■ Jugendspieler:innen fördern und ermutigen ■ besondere Aufgaben übertragen ■ Spielerrat einrichten ■ Mentoring aufbauen ■ Verbindlichkeit herstellen ■ Verpflichtung und Eigenverantwortlichkeit (Commitment) fördern und fordern ■ Verantwortungsbewusstsein schärfen, Verantwortung teilen (Verantwortungsübernahme auch von Jugendspieler:innen

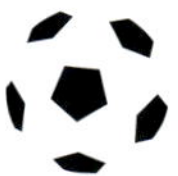
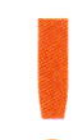

Tipp: Besondere Aufgaben für die Eltern

In der Dimension »Mitarbeit« können Sie auch die Eltern in den Blick nehmen und überlegen, wie sich ihnen Mitwirkungsmöglichkeiten eröffnen lassen. Sind die Eltern aktiv in den Vereinsalltag eingebunden, identifizieren sie sich stärker mit dem Verein. Hier ist eine Liste von Möglichkeiten, wie Sie Eltern mit Aufgaben betrauen können. Auch hierbei gelten die Prinzipien Eigenverantwortung und Anerkennung.

- **als Assistent:in des Jugendleiters/der Jugendleiterin**
- **als Assistent:in des Trainers/der Trainerin**
- **als Betreuer:in/Aufsichtsperson**
- **als Helfer:in bei Veranstaltungen**
- **als Unterstützer:in bei der Organisation von Turnieren**
- **als Koordinator:in für den Verkauf von Getränken und Essen an Spieltagen**
- **für Fahrdienste zu Auswärtsspielen**
- **für individuelle Betreuungssituationen (z. B. Trösten)**
- **für das Ausfüllen des Spielberichts**
- **als »Spielleiter:in«**
- **für Trikotwäsche, Pausengetränke**
- **für die Organisation bestimmter Abläufe (z. B. Telefonkette)**
- **als Helfer:in bei Ausflügen oder außersportlichen Veranstaltungen**

Quelle (bearbeitet): https://www.dfb.de/trainer/f-juniorin/artikel/die-eltern-mit-ins-boot-holen-146/

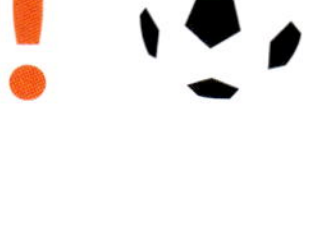

Tipp: Elternrat analog zum Mannschaftsrat

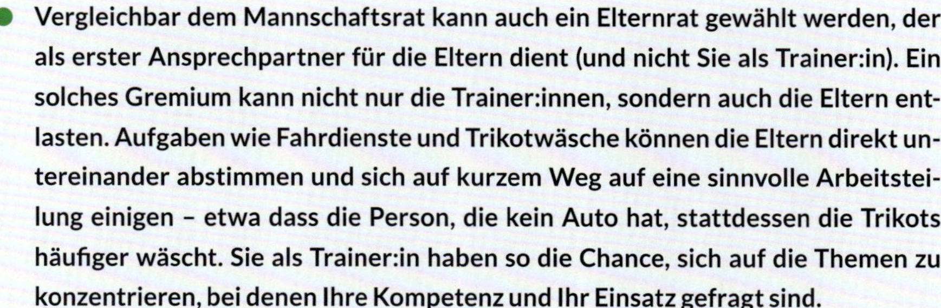

- **Vergleichbar dem Mannschaftsrat kann auch ein Elternrat gewählt werden, der als erster Ansprechpartner für die Eltern dient (und nicht Sie als Trainer:in). Ein solches Gremium kann nicht nur die Trainer:innen, sondern auch die Eltern entlasten. Aufgaben wie Fahrdienste und Trikotwäsche können die Eltern direkt untereinander abstimmen und sich auf kurzem Weg auf eine sinnvolle Arbeitsteilung einigen – etwa dass die Person, die kein Auto hat, stattdessen die Trikots häufiger wäscht. Sie als Trainer:in haben so die Chance, sich auf die Themen zu konzentrieren, bei denen Ihre Kompetenz und Ihr Einsatz gefragt sind.**

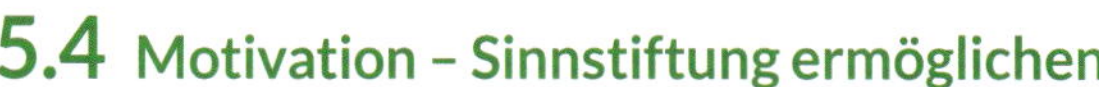

5.4 Motivation – Sinnstiftung ermöglichen

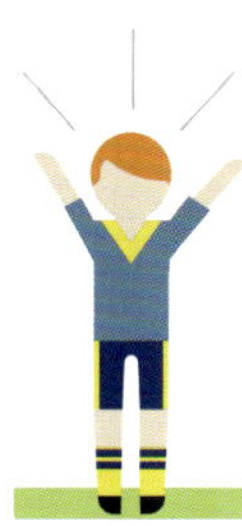

Die Dimension »Motivation« umfasst alles, was sich in der Jugendabteilung auf die grundlegende Werte- und Sinnkultur bezieht. Somit gerät mit dieser Dimension eine wichtige Basis für die wertebildende Jugendarbeit in den Blick. Motivation meint hier, Beweggründe zu haben, um sich zu engagieren. Das können Werte wie Leistung, Erfolg, Respekt, Teamgeist, Verantwortung, Engagement oder Fairness sein, die alle Beteiligten als wichtig erachten und gemeinsam leben. Das können auch sportliche Ziele, der Anspruch, ein gutes Miteinander neben und auf dem Platz zu pflegen, oder die Wertebildung im Jugendfußball sein. Wenn daraus eine gemeinsame Grundlage werden soll, sollten diese Aspekte im Jugendkonzept verankert sein.

Eng verbunden mit den Zielen und Werten ist die Sinnstiftung. Sie ist hier die Grundaufgabe: Zusammen mit dem Vorstand und anderen Verantwortlichen schaffen Sie als Jugendleiter:in den Rahmen, der allen Beteiligten Orientierung gibt und ihnen ermöglicht, ihr Engagement im Verein als sinnvoll zu erfahren. Sinnstiftung ist auch ein wichtiger Aspekt der Wertebildung. Denn sie ist eng damit verwoben, was uns wichtig ist (Werte), wie wir dazu stehen (Haltung) und ob wir in der Lage sind (Kompetenz), dies auch zu verwirklichen (Handeln). Sie ist Voraussetzung für ein anhaltendes Engagement aller Beteiligten. Nur wenn Jugendleiter:innen, Trainer:innen, Betreuer:innen und Jugendspieler:innen ihr Engagement im Verein, der Jugendabteilung und in den Mannschaften für sinnvoll halten und es auch so erleben, sind sie motiviert, mitzumachen und sich einzubringen. Dieses sinnvolle Erleben, also die Sinnstiftung, findet in allen vier Dimensionen einer wertorientierten Entwicklung der Jugendabteilung – Mitarbeit, Motivation, Miteinander und Management – statt. Denn alle in der Jugendabteilung Aktiven erleben unterschiedliche Dinge als sinnvoll: eine qualitativ hochwertige Ausstattung, ein gutes soziales Miteinander, Erfolge durch Zusammenarbeit, Selbstverwirklichung durch eigenverantwortlich übernommene Aufgaben oder das Erleben, dass die Vereinswerte tatsächlich gelebt werden und eine Relevanz für das eigene Leben haben.

Sinnstiftung

Sinnstiftung vollzieht sich dann, wenn wir das, was wir tun, als sinnvoll erleben. Unterstützt wird das durch Faktoren wie die Einbindung in ein soziales Umfeld, die Möglichkeit, Einfluss auf Entwicklungen zu nehmen, mitzugestalten und Erfolg zu haben, die Erkennbarkeit von Perspektiven und die Erreichbarkeit von Zielen. Vor allem aber wird Sinnstiftung erreicht durch die Übereinstimmung mit eigenen Werten und Zielen. Deshalb spielt das Werterleben für die Sinnstiftung eine besondere Rolle: Erleben wir, dass formulierte Werte im Verein auch gelebt werden, und erleben wir, dass Werte, die uns wichtig sind, auch zur Verwirklichung kommen (gelebt werden), so bestätigt sich das, was uns Orientierung gibt. Das führt unter anderem zu einer hohen Identifikation mit dem Verein und seinen Werten, erzeugt Zufriedenheit und die Gewissheit, Sinnvolles zu tun. Fehlt dieses sinnvolle Erleben über einen längeren Zeitraum, kommt es zu Frust, Desinteresse und Resignation. Damit nimmt das Engagement ab, Jugendspieler:innen kommen nicht mehr oder verlassen den Verein.

Wie in den anderen drei Dimensionen des 4-M-Modells sollten Sie auch für die Werte- und Sinnkultur die im Jugendkonzept verankerten Werte bewusst in den Blick nehmen und die Beteiligten dafür sensibilisieren. So unterstützen Sie das Lernen und Leben von Werten gleich in mehrfacher Hinsicht. Zum einen kann die Wertebildung selbst von allen Beteiligten als ein sinnvolles Ziel erachtet werden, für das es sich einzusetzen lohnt. Dann sind alle Beteiligten motiviert, auch das wertebildende Jugendkonzept mitzutragen und umzusetzen. Zum anderen hat die Werte- und Sinnkultur eines Vereins, wie oben skizziert, immer schon einen klaren Wertebezug. Diesen Wertebezug können Sie bewusst für die Wertebildung nutzen.

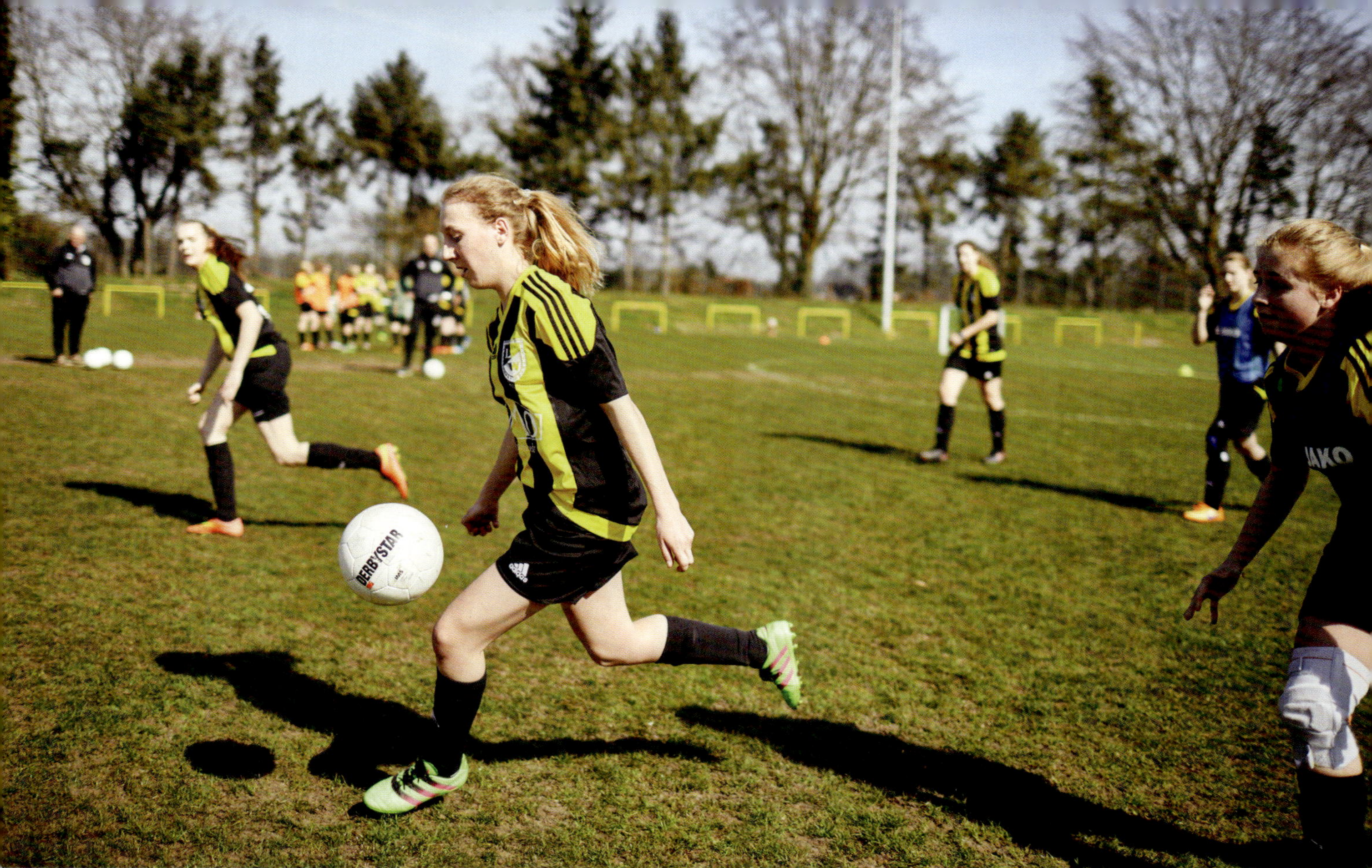

Zugehörigkeit, Teamgeist, Erfolg – Sinnstiftung hat viele Facetten.

Wichtig ist, dass eine Auseinandersetzung und Verständigung über die Werte und Ziele stattfindet, damit sich die Beteiligten auch damit identifizieren können. So können Sie eine Werte- und Sinnkultur in Ihrer Jugendabteilung etablieren, die aus Sicht der Beteiligten sinnvolle Ziele, Vorhaben und Aufgaben umfasst und somit Sinnstiftung ermöglicht.

Motivation: Aufgaben

Werte

- Leitbild und Werte des Vereins/der Jugendabteilung klären
- Werte in den Mannschaften erarbeiten
- Werte kritisch reflektieren
- Werte leben
- Wertebildung verankern

Sinn

- Sinn stiften, (sozialen/sportlichen) Nutzen formulieren und erbringen
- soziale/sportliche Vision auf Vereinsebene formulieren
- Ziele für die Jugendarbeit definieren (SMART: sozial und spezifisch, motivierend und messbar, attraktiv und akzeptiert, relevant und realistisch sowie terminiert)
- Umsetzung planen
- sportlich-inhaltliche Schwerpunkte setzen und kommunizieren
- Ziele erreichen
- Erfolge sehen und anerkennen

5.5 Mit dem 4-M-Modell wertebildende Jugendarbeit entwickeln, planen und umsetzen

Orientiert an den Dimensionen Management, Miteinander, Mitarbeit und Motivation können Sie nun systematisch an die Umsetzung einer wertebildenden Jugendarbeit gehen und Ideen und Maßnahmen für die Wertebildung im Jugendfußball entwickeln, planen und umsetzen. Die folgende Tabelle können Sie nutzen, um zu reflektieren, welche Werte mit den jeweiligen Maßnahmen und Aktivitäten gefördert werden. Das schärft das Bewusstsein aller Beteiligten für die Wertebildung. Die Tabelle ist nicht vollständig und Sie können sie beliebig und nach Bedarf erweitern.

	Ideen/Maßnahmen für die Vereins-, Abteilungs-, Team-entwicklung	Welche Werte werden gefördert?
Management: Information und Organisation Für Sicherheit sorgen	Trainersitzung: Abläufe organisieren Material: Ausstattung neu Elternabend: Information	Kommunikation, Sicherheit ... Wertschätzung, Erfolg ...
Miteinander: Beziehung und Partizipation Beziehungen ermöglichen	Trainertag: Ausflug (Kanufahren) Trainerklausur: Jugendkonzept	Beziehung, Kooperation ... Wertschätzung, Beteiligung ...
Mitarbeit: Leistung und Anerkennung Eigenverantwortung fördern	Trainersitzung: Aufgabenplan Elternarbeit: Aufgaben Sommerfest: Ehrungen Jugendspieler:innen: Verantwortung übernehmen	Leistung, Selbstwert ... Verantwortung, Teilhabe ... Wertschätzung, Anerkennung ...
Motivation: Werte und Sinn Orientierung geben	Abteilungsklausur: Ziele klären Trainersitzung: Werte thematisieren	Orientierung, Veränderung ... Orientierung, Werte ...

Wie gelingt gute Kommunikation?

6

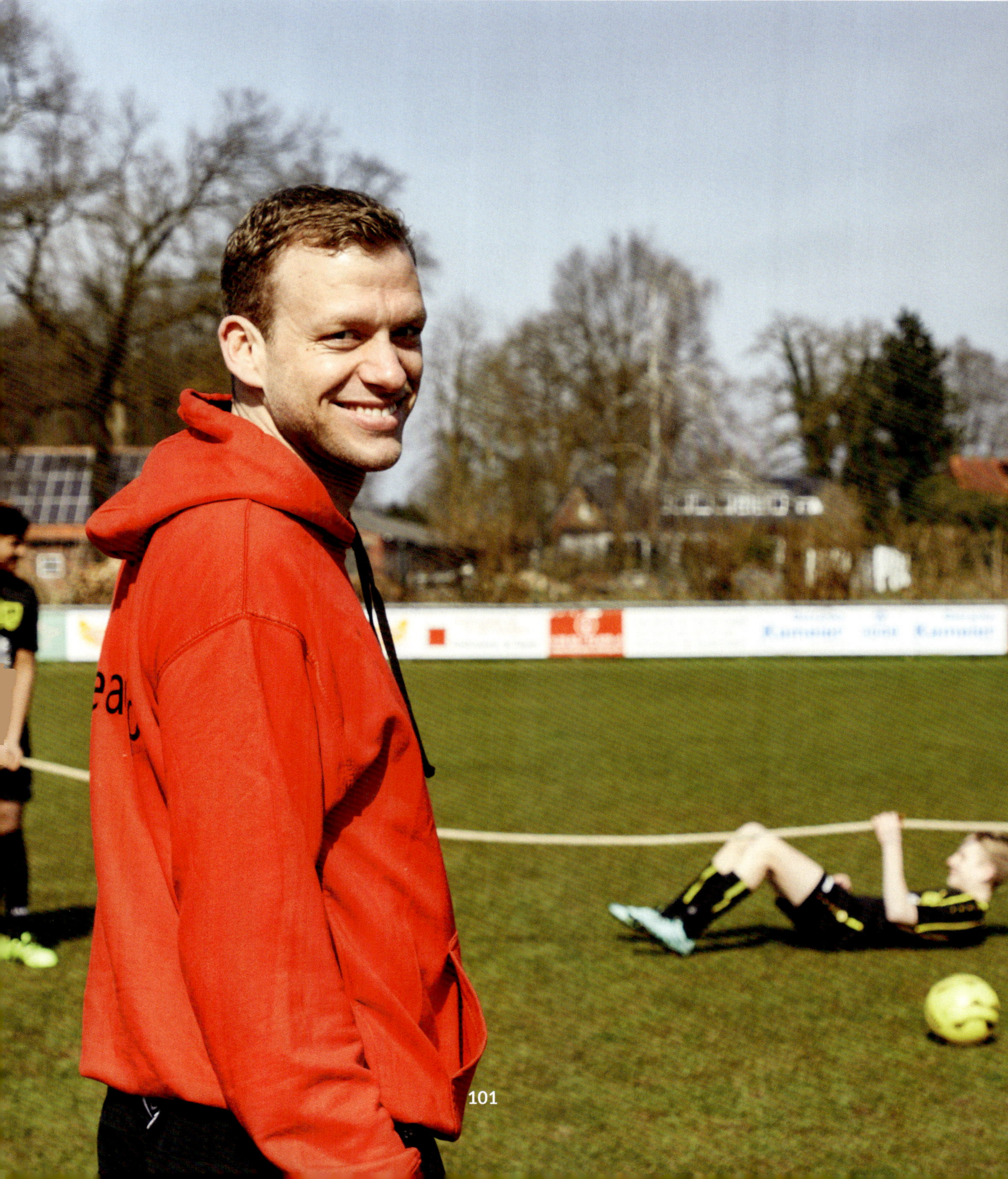

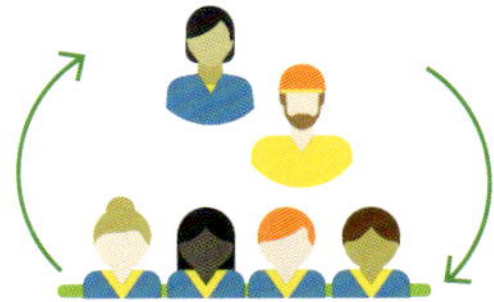

Kommunikation hat entscheidenden Einfluss auf das soziale Miteinander und damit auch auf die Wertebildung. Denn in der Art und Weise, wie Sie und alle anderen am Jugendfußball Beteiligten miteinander kommunizieren, leben Sie Werte. Als Jugendleiter:in kommt Ihnen hierbei eine Schlüsselposition zu. Sie halten viele Fäden zusammen und kommunizieren mit den unterschiedlichsten Akteurinnen und Akteuren innerhalb und außerhalb des Vereins. Das ist nicht immer leicht: Zu Ihren Kommunikationsaufgaben zählen beispielsweise konstruktive Kritik und Feedback; Sie müssen Diskussionen und Auseinandersetzungen führen, Teamprozesse moderieren – und natürlich Orientierung geben. Das tun Sie beispielsweise, indem Sie die aus dem Jugendleitbild und Jugendkonzept abgeleiteten sportlich-inhaltlichen Schwerpunkte kommunizieren und dafür werben, sie gemeinsam umzusetzen. Anerkennung und Dank auszudrücken und unterschiedlichen Meinungen Raum zu geben, gehört genauso zu Ihren Aufgaben, wie mitunter schwierige Gespräche mit Eltern, dem Trainerteam oder einzelnen Jugendspieler:innen zu führen.

Schon alltägliche Situationen – wie Absprachen zur Platzbelegung oder Abstimmungen innerhalb der Abteilung oder des Fußballkreises – erfordern es, sich mit vielen Akteurinnen und Akteuren auszutauschen und mit unterschiedlichen Gesprächssituationen umzugehen. Das setzt ein gutes Händchen im Umgang mit verschiedenen Persönlichkeiten und Interessenlagen voraus.

Zu beachten ist dabei, dass Kommunikation generell vielschichtig ist. Sie transportiert neben inhaltlichen Botschaften immer auch Gefühle, Bedürfnisse, Interessen und Werte. Sie erreicht daher das Gegenüber nicht nur kognitiv – was das Verstehen von Informationen angeht –, sondern auch emotional und berührt die Ebene des Unbewussten. Hierin ist viel Stoff für Missverständnisse, aber auch für gute, gelingende Kommunikation enthalten.

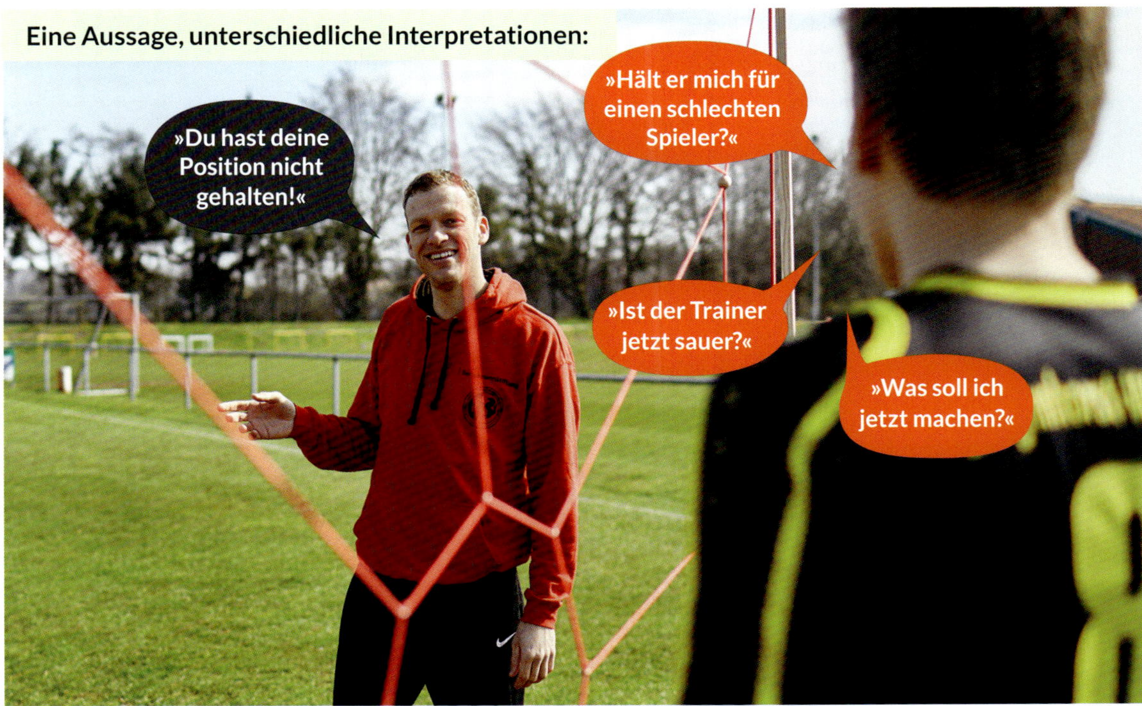

In diesem Kapitel haben wir grundlegende Tipps und Anregungen zusammengetragen, die Sie dabei unterstützen, wertschätzend und wirkungsvoll zu kommunizieren. Besonders wichtig sind die drei folgenden Kommunikationsmethoden. Alle Verantwortlichen, aber auch die Jugendspieler:innen sollten sie beherrschen, um im Verein einen konstruktiven, wertschätzenden und fairen Umgang miteinander zu leben:

1. **Informationen aufnehmen** - am besten durch aktives Zuhören. Dieses ist gekennzeichnet durch ein dialogisches Kommunizieren, das an Verständigung interessiert ist. Ziel ist es, Vertrauen aufzubauen und Missverständnisse zu vermeiden.

2. **Informationen geben** - vor allem in heiklen Situationen bieten sich dafür Ich-Botschaften an. Sie erlauben es, auf eine konstruktive Art persönliche Sichtweisen zu äußern. Mit der WWW-Methode strukturieren Sie diese Botschaften in den drei Schritten Wahrnehmung, Wirkung und Wunsch (siehe Seite 105).

3. **Rückmeldung nehmen und geben** - immer durch konstruktives Feedback. Das ist für eine gedeihliche Zusammenarbeit und die Persönlichkeitsentwicklung unerlässlich.

6.1 Informationen aufnehmen: aktives Zuhören

Wenig Zeit, angespannte Situationen oder das Gefühl, man wisse schon, worum es geht – all das erzeugt leicht Missverständnisse. Was jemand sagt, wird von jemand anderem nicht immer so verstanden, wie es gemeint ist. Um Missverständnissen vorzubeugen und ein vertrauens- und verständnisvolles Miteinander in der Jugendabteilung zu schaffen, empfiehlt es sich daher, das aktive Zuhören einzuüben. Es ist Grundlage für eine wertschätzende Kommunikation und eine gemeinsame, konstruktive Lösungsfindung.

Beim aktiven Zuhören bleibt der/die Zuhörende (Empfänger:in) nicht stumm, sondern lässt sich mit dem Gegenüber (Sender:in) auf eine wechselseitige Kommunikation ein. Dabei konzentriert sich der/die Empfänger:in zunächst ausschließlich darauf, die Botschaft des Senders/der Senderin zu verstehen. Dann gibt der/die Empfänger:in das, was er/sie verstanden hat, in eigenen Worten wieder und spiegelt es so zurück an den/die Sender:in. So lässt sich klären, ob die Botschaft so verstanden wurde, wie sie gemeint war.

Aktives Zuhören nach Carl Rogers

Eine gute Orientierungshilfe für das aktive Zuhören ist der Prozess, wie ihn Carl Rogers beschreibt:

Grundhaltung
- empathisch und offen – auch in der Körperhaltung
- authentisch und stimmig auftreten
- einander Akzeptanz und positive Beachtung entgegenbringen
- sich auf das Gegenüber einlassen
- sich konzentrieren

Beobachten und Zuhören
- Zuhören heißt nicht gutheißen
- Blickkontakt halten, zugewandt bleiben
- durch Körpersprache Zuhören zum Ausdruck bringen (z. B. durch Nicken)
- bestätigende kurze Äußerungen (»Ja, verstehe …«, »Das habe ich auch bemerkt …«)
- Pausen aushalten; sie können ein Zeichen für Unklarheiten, Angst oder Ratlosigkeit sein
- Geduld haben und den/die Sprecher:in nicht unterbrechen, ausreden lassen
- auf die eigenen Gefühle achten

Verstehen
- Empathie zulassen und sich innerlich in die Situation der Sprecherin/ des Sprechers versetzen
- Verständnis überprüfen, Nachfragen bei Unklarheiten (»Habe ich richtig verstanden, dass …?«)
- Wünsche heraushören (»Ich verstehe, du möchtest also, dass …«)
- Zusammenfassen (»Ich fasse einmal kurz zusammen, was ich verstanden habe …«)

Antworten
- die Gefühle des Gesprächspartners/der Gesprächspartnerin erkennen und ansprechen (spiegeln)
- sich durch Vorwürfe und Kritik nicht aus der Ruhe bringen lassen
- die eigene Meinung schildern, ohne dabei eine Bewertung vorzunehmen
- nicht belehren, nicht rechtfertigen, nicht kritisieren
- offen, empathisch und authentisch antworten (siehe Grundhaltungen)

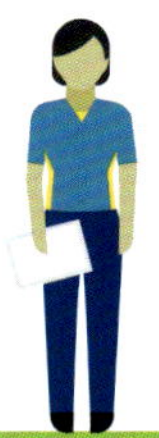

6.2 Informationen geben: Ich-Botschaften und die WWW-Methode

Während Ihr:e Gesprächspartner:in spricht, sollten Sie versuchen, ohne zu unterbrechen, zuzuhören und das Anliegen nachzuvollziehen – sich also darauf konzentrieren, die Botschaft Ihres Gegenübers zu verstehen. Wenn

Sie dann umgekehrt in der Rolle des Sprechenden sind, sollten Sie Ihr eigenes Anliegen möglichst unmissverständlich und nachvollziehbar vorbringen – sich also darauf konzentrieren, verstanden zu werden.

Dies gelingt am besten, wenn Sie Ich-Botschaften verwenden im Unterschied zu Du-/Sie-Botschaften. Letztere zielen auf einen Angriff, lösen beim Gegenüber oft eine Verteidigungshaltung aus und behindern so Lösungsansätze. Dagegen regen Ich-Botschaften (»Ich habe einen Wunsch/ein Interesse«) das Gegenüber zum Mitdenken und Verstehen an und sind damit eher Basis für eine Verhaltensänderung.

Die WWW-Methode

Um das Gespräch zu strukturieren und vor allem um konstruktiv Rückmeldungen zu geben, bietet sich die WWW-Methode an. Sie besteht aus drei Schritten, in denen jeweils Ich-Botschaften verwendet werden: Wahrnehmung, Wirkung und Wunsch.

Wahrnehmung beschreiben – ohne Wertung und Vorwürfe:

1. »Ich habe bemerkt, dass von einigen Mannschaften das Material nicht richtig zurückgeräumt wird. Es gibt außerdem etliche kaputte Leibchen.« (Jugendleiterin in der Trainersitzung)
2. »Mir fällt auf, dass du immer wieder laut zu deinen Jugendspielerinnen bist. Das entspricht nicht unserem Verständnis von Trainerarbeit.« (Jugendleiter im Gespräch mit Jugendtrainerin)

Wirkung erklären – mit Bezug auf die eigenen Gefühle:

1. »Das ärgert mich, weil es mir wichtig ist, dass für alle Mannschaften gleiche Trainingsbedingungen herrschen. Wenn erst alles gesucht werden muss, geht Zeit verloren. Die kaputten Leibchen machen außerdem den Eindruck, uns wäre die Ausstattung nicht wichtig.«
2. »Das führt dazu, dass die Spielerinnen unsicher und unzufrieden sind und sich irgendwann nicht mehr blicken lassen. Ich finde es, ehrlich gesagt, überhaupt nicht in Ordnung. Wir alle sind Vorbilder und wir haben für das Trainerverhalten klare Leitlinien.«

Wunsch mitteilen – positives Bedürfnis und gegebenenfalls Konsequenzen aufzeigen:

1. »Ich bitte euch, künftig darauf zu achten, dass alles weggeräumt wird und auch an den richtigen Platz kommt. Wenn ihr kaputte Sachen seht, dann bringt sie bitte mit. Die ersetzen wir dann.«
2. »Ich bitte dich, deine Impulsivität zu regulieren und den Respekt auch den Jugendlichen gegenüber zu wahren.«

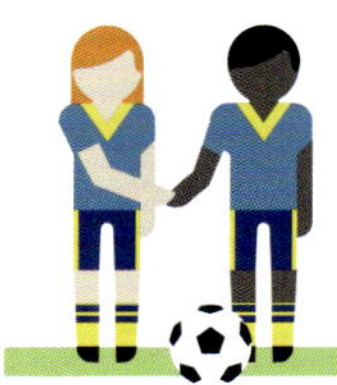

6.3 Feedback geben und annehmen

Feedback spielt im Teamsport und Vereinsleben eine große Rolle. Das Feedback, das Sie Jugendtrainer:innen, Jugendspieler:innen und anderen Vereinsmitgliedern geben, bietet diesen die Möglichkeit, eigene Verhaltensweisen zu überprüfen und gegebenenfalls zu verändern und sich so auch weiterzuentwickeln. Feedback ist stets subjektiv und erfasst immer nur einen Ausschnitt der Wirklichkeit. Es sollte die persönliche Wahrnehmung (Was habe ich wahrgenommen? Was nehme ich wahr?), eine persönliche Bewertung (Wie bewerte ich das? Wie wirkt das auf mich?) in Verbindung mit nachvollziehbaren Maßstäben (Was war eigentlich die Aufgabe? Welche Werte oder Regeln gelten?) und einen Wunsch (Das wünsche ich mir von dir…; das erwarte ich von euch…; das ist mir wichtig …) ausdrücken (vgl. auch die WWW-Methode, Seite 105). Dabei sollten Sie möglichst Ihre Wertschätzung für die angesprochene Person ausdrücken. Feedback ist dann positiv und konstruktiv, selbst wenn es etwas Kritisches zurückzumelden gibt.

Besonders wichtig ist, dass Sie Feedback zeitnah geben, wenn die Eindrücke noch frisch sind. Zudem sollten Sie sich auf ein konkretes Verhalten und dessen Wirkung beziehen. Zu den Feedbackregeln gehört auch, dass die Person, die Feedback empfängt, dieses ohne Diskussion anhört. Missverständnisse oder Unklarheiten können natürlich direkt ausgeräumt werden.

Hilfreich ist es, Feedback als Geschenk zu verstehen, das man nicht zwangsläufig annehmen muss. Eine mögliche Einstiegsfrage ist daher: »Darf ich dir ein Feedback dazu geben?« Oder: »Möchtest du gerade ein Feedback dazu von mir hören?«

Bei Feedback geht es also darum, konstruktive Rückmeldung zu einem Verhalten zu geben mit dem Ziel, dass die angesprochene Person diese Rückmeldung auch annehmen kann und sich nicht angegriffen fühlt oder in eine Verteidigungshaltung gerät. Für Sie als Feedbackgeber:in ist es deswegen entscheidend, sich bewusst zu machen, dass auch Sie nicht jederzeit das Recht haben, ihre Meinung kundzutun. Manche geben ungefragt Feedback in einer Situation, in der es die andere Person nicht weiterbringt, weil sie noch zu aufgebracht oder sich des eigenen Fehlers nur zu bewusst ist. Sie ist also (noch) nicht bereit, den konstruktiven Teil der Kritik sachlich anzunehmen. Dann kann gut gemeintes Feedback wie ein Draufhauen wirken und verliert seine konstruktive Wirkung.

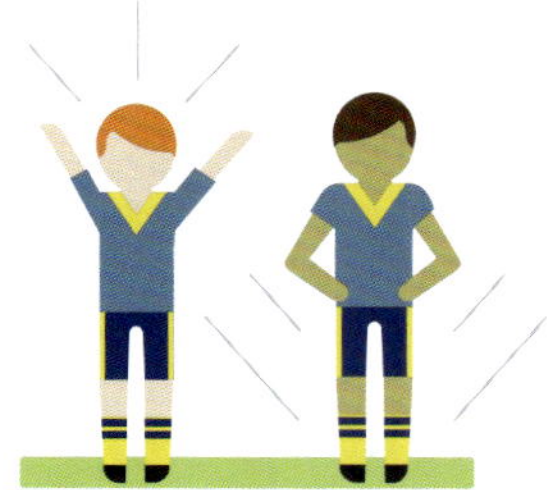

Feedback geben

- Nachfragen: Darf ich dir gerade ein Feedback geben?
- möglichst konkret formulieren
- zeitnah reagieren
- Kriterien für die Beurteilung des Verhaltens zur Sprache bringen
- das Verhalten nachvollziehbar beschreiben
- Gefühle beschreiben, die durch das Verhalten ausgelöst wurden
- aufzeigen, welches Verhalten für die Zukunft gewünscht wird
- Feedback als Ich-Botschaft formulieren (WWW-Methode anwenden, Seite 106)
- Feedback so formulieren, dass man es selbst auch akzeptieren könnte
- Nachfragen: Wird das Feedback verstanden?

Feedback empfangen

- zuhören, aufnehmen
- nicht verteidigen, nicht argumentieren, nicht abwerten
- bestätigen; falls erforderlich, sachlich richtigstellen
- klärend nachfragen
- wirken lassen
- bewusste und freie Auswahl der Information: das Feedback besteht aus subjektiven Eindrücken einer anderen Person – man kann es auch anders sehen
- bedanken!

Lesetipps

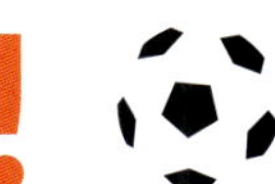

- **Schulz von Thun, Friedemann (2019). *Miteinander reden Band 1 bis 4: Allgemeine Psychologie der Kommunikation. Stile, Werte und Persönlichkeitsentwicklung. Situationsgerechte Kommunikation. Fragen und Antworten.* Hamburg.**
- **Thomann, Christoph, und Friedemann Schulz von Thun (2011). *Klärungshilfe 1: Konflikte im Beruf. Klärungshilfe 2: Methoden und Modelle klärender Gespräche.* Hamburg.**
- **Außerdem gibt es weitere Tipps in unserer Publikation *Wertebildung im Jugendfußball – ein Handbuch für Trainer* (Kapitel 8: »Wie gelingt gute Kommunikation?«).**

10 Empfehlungen für wertschätzende Kommunikation

Die nachfolgenden Tipps können Sie gut selbst anwenden – und Ihren Jugendtrainer:innen und Jugendspieler:innen mit auf den Weg geben.

1 Ausreden lassen

Nicht nur die Höflichkeit gebietet es, nicht zu unterbrechen. Wer klar und unmissverständlich kommunizieren will, ist darauf angewiesen, verstanden zu werden. Dazu gehört: ausreden lassen! Nur so erfahren Sie etwas über die Positionen und Sichtweisen des/der anderen. Das gilt genauso in ungleichen Beziehungen etwa zwischen erwachsenen Verantwortlichen und den Jugendspieler:innen. Diese haben ebenfalls das Recht, ausreden zu können und gehört zu werden.

2 Aktiv zuhören

Zeigen Sie durch Ihr Verhalten, durch Nicken, Augenkontakt und andere Signale (»aha«), dass Sie zuhören. Wenn Sie es zudem schaffen, trotz kontroverser Sichtweisen die Aussagen des/der anderen mit Ihren eigenen Worten zu wiederholen und zu verstehen, sorgen Sie für ein konstruktives, lösungsorientiertes Gespräch. Bei Ihrem Gegenüber wächst so die Bereitschaft, auch Ihren Standpunkt zu hören und nachzuvollziehen.

3 Nach Bedürfnissen fragen

Erkundigen Sie sich danach, was Jugendtrainer:innen, Jugendliche und andere Beteiligte im Jugendbereich brauchen und warum. Das sollten Sie vor allem dann tun, wenn Sie spüren, dass es ein Problem gibt. Nur so sind Sie informiert genug, um die Balance zwischen unterschiedlichen Bedürfnissen herzustellen und mögliche Konflikte aktiv anzugehen.

4 Klar und konkret sprechen

Bleiben Sie immer bei konkreten Ereignissen und Fakten. Sagen Sie nicht nur, was Sie anders haben wollen, sondern auch, wie Sie es sich künftig vorstellen. Sagen Sie zum Beispiel nicht: »Du bist wieder zu spät, du kannst nach Hause gehen.« Sondern: »Ich möchte, dass alle pünktlich sind. Wer verhindert ist, ruft mich bitte vorher an.« Übrigens: Auch Gefühle können konkret beschrieben werden. Die eigenen Gefühle zur Sprache zu bringen, hilft sogar dabei, sich selbst von einer emotionalen Situation zu distanzieren, und kann zu einem besseren gegenseitigen Verständnis beitragen.

5 Ich-Botschaften verwenden

Ich-Botschaften helfen dabei, Kritik konstruktiv zu äußern, und sie machen es leichter, Kritik anzunehmen. Als Ich-Botschaften formulierte Äußerungen zielen nicht auf einen Vorwurf, sondern sie verdeutlichen, was jemand anderes mit seiner Handlung bei Ihnen ausgelöst hat. Statt: »Musst du immer dazwischenreden?« Lieber: »Ich ärgere mich, wenn ich unterbrochen werde.« Nicht: »Du bist kein Teamplayer!« Sondern: »Ich hätte mich über deinen Einsatz gefreut.« Oder: »Ich würde mir wünschen, dass du nächstes Mal stärker auf deine Mitspieler achtest und sie unterstützt.«

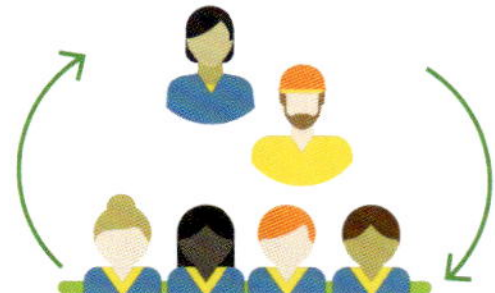

Nachfragen und klären 6

Gute Verständigung ist auf größtmögliche Klarheit angewiesen. Fragen Sie daher nach, wenn Sie sich nicht sicher sind, was eigentlich los ist. Eigene (Fehl-)Interpretationen helfen hier nicht weiter: »Ich möchte wissen, weshalb du das machst« statt: »Du machst das nur, weil …«

Hart in der Sache, fair zur Person 7

Fairness im Umgang mit den Beteiligten schließt nicht aus, in der Sache selbst deutlich zu sein. Das eine von dem anderen zu unterscheiden und beides miteinander zu verbinden, erfordert etwas Übung. Für ein konstruktives Klima ist das aber unverzichtbar. Grenzen Sie das, was Sie stört, durch einen zeitlichen Bezug ein (»gestern«, »letzte Woche«) und differenzieren Sie zwischen der Sache – etwa einem bestimmten Verhalten – und der betreffenden Person. Dadurch signalisieren Sie, dass ein Verhalten abzustellen ist (weil es nicht »immer« stattfindet) und dass Sie es nicht als Charakterfrage einordnen. Das können Sie etwa so zum Ausdruck bringen: »Ich schätze dich sehr. Ich finde jedoch, dass dein Verhalten in der letzten Zeit nicht in Ordnung ist …«

Ruhig und sachlich bleiben 8

Versuchen Sie immer, Ruhe zu bewahren und bei der Sache zu bleiben. Emotionen gehören zum Fußball dazu, aber Gespräche sollten konstruktiv und ungetrübt von emotionalen Eindrücken geführt werden. Geben Sie sich gegebenenfalls einen Tag Abstand, um Ihre eigenen und die Gefühle der anderen nach einem aufregenden Ereignis besser einordnen zu können.

Keine Verallgemeinerungen 9

»Alle hier sind …«; »Ihr könnt das einfach nicht.«; »Immer macht ihr das.« – all das sind Verallgemeinerungen, die keine positiven Reaktionen möglich machen. Versuchen Sie, möglichst zeitnah und so konkret wie möglich Probleme, Fehlverhalten oder Beobachtungen wiederzugeben.

Keine Killersätze 10

Langwierige Diskussionen und unangenehme Gespräche werden gerne mit Killerphrasen abgewürgt: »Da fehlt euch die Erfahrung!«; »Ihr könnt das eh nicht!«; »Das haben wir immer so gemacht.« Solche Aussagen führen nicht zu einem konstruktiven Miteinander – daher verzichten Sie besser ganz darauf.

Notizen

Mit Konflikten umgehen

7

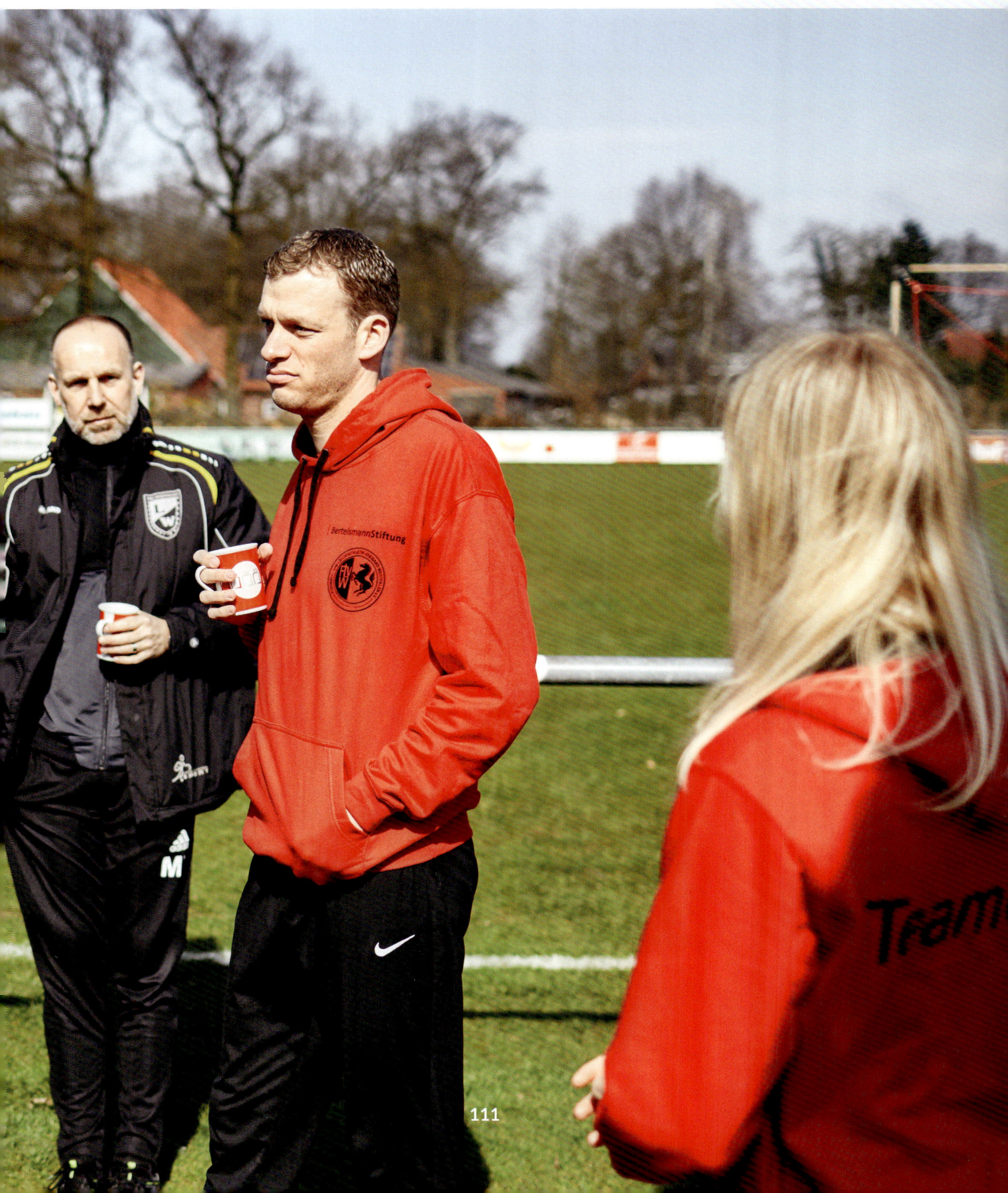

7.1 Konflikte und ihre Bedeutung für Vereinsalltag und Wertebildung

Konflikte gehören zum Alltag – auch im Mannschaftssport und Vereinsleben. Sie kommen überall dort vor, wo Menschen miteinander interagieren und unterschiedliche Sichtweisen, Gefühlslagen oder Interessen aufeinandertreffen. Als Jugendleiter:in kennen Sie das nur zu gut aus Ihrer täglichen Arbeit. Da sind Eltern mit den Trainings- oder Spielzeiten nicht einverstanden, zwei Jugendspieler gehen aufeinander los und eine Trainerin und ein Betreuer sind sich uneins über die Ausgestaltung des Trainings. Zudem spart der Vorstand Geld dort ein, wo es eigentlich dringend gebraucht wird, und im Fußballkreis funktionieren die Absprachen nicht. In vielen Fällen entstehen zunächst Irritationen und Unmut, also Spannungen, die sich häufig auch wieder legen, indem sie angesprochen werden oder der Ärger schlicht nachlässt. Aber schnell können auch Konflikte entstehen – und manche schwelen dauerhaft.

Doch was ist damit gemeint? Der österreichische Konfliktforscher Friedrich Glasl definiert es so: »Ein Konflikt ist eine Interaktion zwischen Personen, bei der sich mindestens eine Person in ihrem Denken, Fühlen, Wahrnehmen oder Wollen durch eine andere Person beeinträchtigt fühlt.« Konflikte sind unangenehm, lassen sich aber auch nicht immer vermeiden. Für die Wertebildung und für das Miteinander haben sie durchaus auch einen positiven Aspekt. Denn Konflikte bieten immer auch eine Chance für die Persönlichkeitsentwicklung von Jugendlichen. Sie ermöglichen die Auseinandersetzung mit unterschiedlichen Perspektiven und bieten die Gelegenheit, die eigene Position zu überdenken, begründet zu vertreten oder auch zu modifizieren. Sie sind somit ein Übungsfeld für Empathie, Perspektivwechsel und Kompromissfähigkeit.

Darüber hinaus können Konflikte dazu beitragen, dass sich die Beteiligten insgesamt bewusster werden, was ihnen in ihrem Verein wichtig ist. Im besten Fall wächst das Verständnis füreinander – und manchmal entsteht aus Konflikten auch eine neue Idee, auf die man sonst nicht gekommen wäre. Schließlich wachsen durch gelöste und überwundene Spannungen und Konflikte auch Vertrauen und Zusammenhalt im Team. Voraussetzung für all dies ist allerdings ein konstruktiver Umgang mit Konflikten. Sie und Ihre Trainer:innen können hier mit gutem Beispiel vorangehen. Sie sollten aber auch die Jugendlichen selbst an der Lösung von Konflikten beteiligen und ihnen so die Möglichkeit geben, daran zu wachsen. Ist es den Jugendspieler:innen gelungen, einen Konflikt zu lösen, ermutigt sie das fürs nächste Mal. Sie haben außerdem gelernt, dass sie selbst in der Lage sind, auch einen möglicherweise unangenehmen Klärungsprozess zu bewältigen. Damit erleben sie sich als wirksam und ihr Selbstwertgefühl wird gestärkt.

7.2 Konflikte ansprechen, bevor sie eskalieren

Für ein gutes Miteinander ist es wichtig, Konflikte anzusprechen und mit ihnen umzugehen, statt sie zu ignorieren oder kleinzureden (»Wir haben doch keine Konflikte«). Denn unter ungeklärten und sich hinziehenden Konflikten leidet das Gemeinschaftsgefühl in der Abteilung und in den Mannschaften – es kommt möglicherweise zur Lagerbildung bis hin zu offen ausgetragenen Auseinandersetzungen. Der Zusammenhalt schwindet und das gemeinsame Engagement für den Verein oder für den sportlichen Erfolg der eigenen Mannschaft droht auf der Strecke zu bleiben. Weitere Folgen können sein:

- Es wird nicht mehr offen und aufrichtig kommuniziert.
- Unterschiede statt Gemeinsamkeiten werden betont.
- Das Vertrauen nimmt ab.
- Drohungen und Druck nehmen zu.
- Offene Diskussion und Auseinandersetzung sind nicht mehr möglich.
- Positive Gesten werden negativ oder feindselig gedeutet.
- Die Bereitschaft, den anderen herabzusetzen, nimmt zu.
- Es gibt kein gemeinsames Herangehen an Aufgaben mehr.
- Jeder macht alles für sich allein.
- Im schlimmsten Fall eskaliert der Konflikt.
- Es kommt zu verbaler und/oder körperlicher Gewalt.

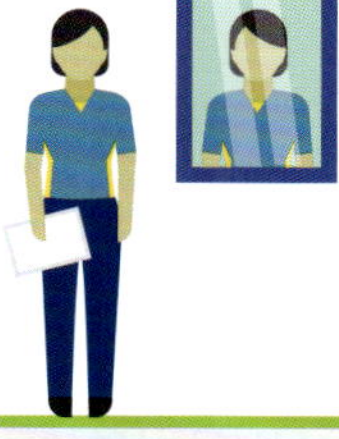

Reflexion

- An welche Konflikte in letzter Zeit erinnern Sie sich?
- Wie haben Sie diese Konflikte geregelt?
- Wie sind Sie dabei vorgegangen?
- Wann gelang das besonders gut und warum?

7.3 Konflikte lösen in vier Schritten

Aufkommende Spannungen und Konflikte sollten deswegen so rasch wie möglich, jedoch in größtmöglicher Gelassenheit gelöst werden. Als Jugendleiter:in haben Sie hier eine besondere Verantwortung den Spieler:innen, den Trainer:innen, den Eltern, dem Verein und schließlich sich selbst gegenüber. Zugleich haben Sie aber auch die Möglichkeit, einen konstruktiven Umgang mit Konflikten im Jugendbereich zu fördern und eine positive Kultur der Konfliktlösung zu etablieren. Gehen Sie dazu proaktiv vor und versuchen Sie, Konflikte konstruktiv und gemeinsam mit den Beteiligten zu klären. Das braucht Raum und Zeit, vor allem emotionalen Abstand. Wichtig ist, dass Sie versuchen zu verstehen, welche tieferen Ursachen hinter einem Konflikt stehen, weil hier oft der Schlüssel für die Lösung zu finden ist. Dabei helfen Gespräche und ein echtes Interesse an den Beweggründen der einzelnen Beteiligten.

Für den konstruktiven Umgang mit Konflikten ist es wichtig, die Ursachen zu erkennen, die eigene Rolle im Konflikt zu definieren, sich eine Lösungsstrategie zu überlegen und das Thema anzupacken.

4 Schritte zur Konfliktlösung

- **1. Schritt: Ursachen erkennen**
- **2. Schritt: Eigene Rolle definieren**
- **3. Schritt: Lösungsstrategie überlegen**
- **4. Schritt: Das Thema anpacken**

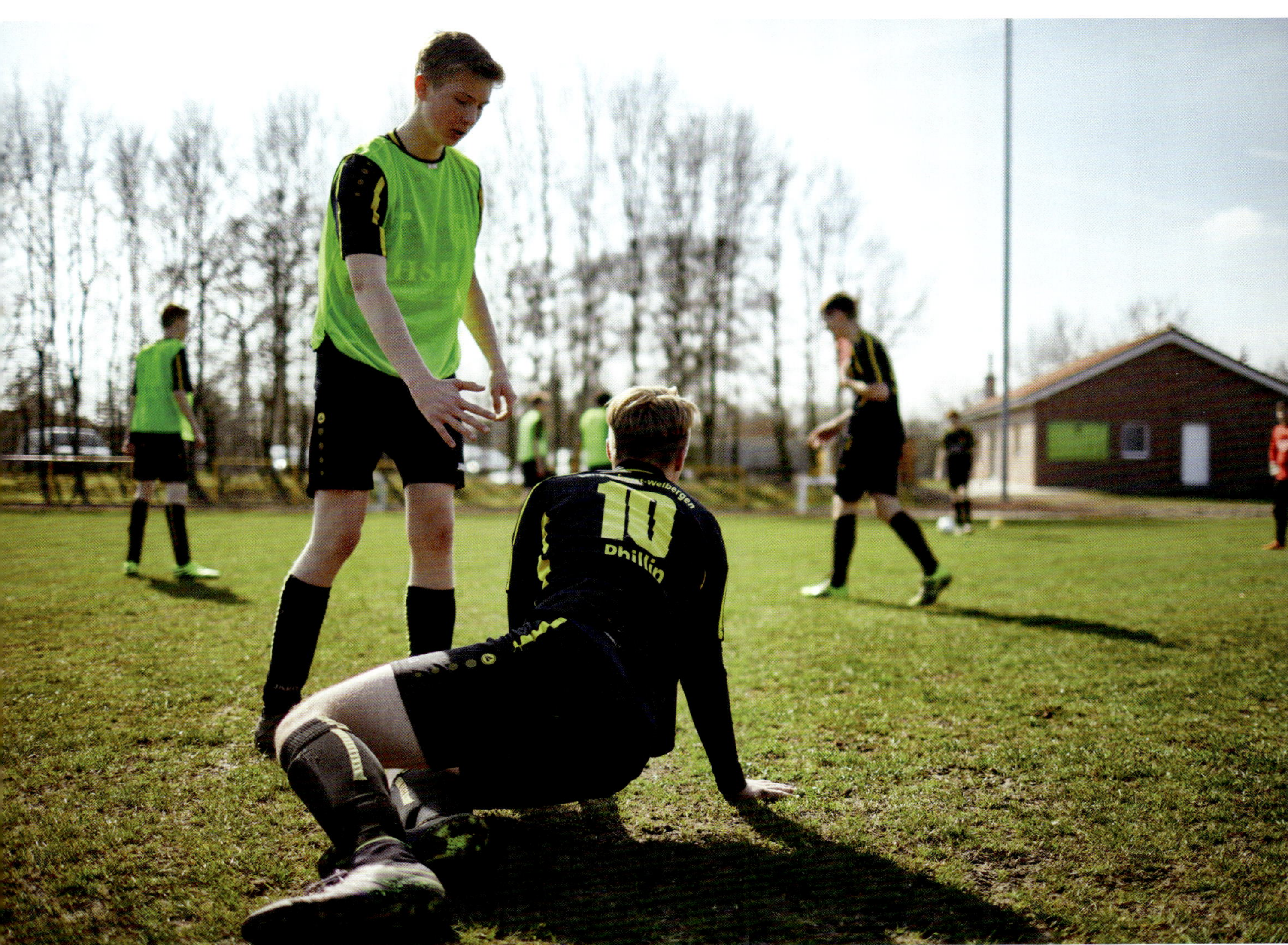

Praxis: Was Sie über Konflikte wissen sollten

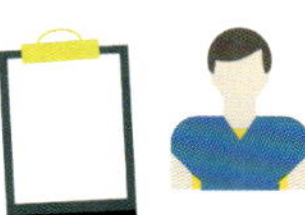

Für gute Kommunikation sorgen

1. Bearbeiten Sie Konflikte zeitnah

Konflikte können offen ausgetragen werden oder im Verborgenen schwelen. Und auch wenn es im ersten Fall manchmal heftig kracht: Die zweite Sorte ist die gefährlichere! Ein heimlicher Konflikt vergiftet die Atmosphäre – bricht er schließlich auf, ist es für eine friedliche Lösung manchmal schon zu spät.

2. Gehen Sie Konflikte offen an

Schweigen ist Silber, Reden ist Gold: Gehen Sie Konflikte deshalb proaktiv an und bemühen Sie sich um eine Lösung. Verschweigen und Vertuschen drängt sie nur in den Untergrund. Besser, Sie stellen sich Konflikten rechtzeitig und entschlossen.

3. Geben Sie Gefühlen Raum und Zeit

Vor allem in zugespitzten Konflikten haben Emotionen das Sagen und nicht Vernunft und Logik. Wo Ärger, Unzufriedenheit, Angst oder Wut regieren, kommen Sie daher mit vernünftigen Argumenten allein nicht weit. Bewahren Sie sich diese für später auf, atmen Sie tief durch und nehmen Sie Druck raus. Gefühle brauchen ihren Raum und vor allem ihre Zeit, um sich zu beruhigen.

4. Versuchen Sie zu verstehen, was hinter dem Konflikt liegt

Ein Konflikt hat seine Ursachen und kommt selten allein: Meist liegt ein ganzes Bündel an Schwierigkeiten vor. Und je länger sich die Situation hinzieht, desto mehr weiten sich Konflikte aus. Ungeklärte Sachfragen schädigen persönliche Beziehungen und das wirkt sich wiederum auf den alltäglichen Umgang aus. Fazit: Will man eine Situation richtig einschätzen, ist ein genauer Blick hinter die Kulissen nötig.

5. Teams brauchen Konflikte

Konflikte bedeuten nicht nur Streit und Ärger. Konflikte sind auch ein Schritt auf dem Weg zur Befriedung, weil vorhandene Differenzen auf den Tisch kommen. Die Konfliktpartner offenbaren Wünsche und Bedürfnisse. Man lernt sich kennen und erfährt viel Neues. Harmonie ist schön – kann aber auch zu Stillstand führen. Konflikte dagegen bringen Schwung in festgefahrene Strukturen.

6. Konfliktmanagement ist eine Führungsaufgabe

Als Trainer:in sind Sie für die Mannschaft verantwortlich. Sie möchten, dass die jungen Spieler:innen sich wohlfühlen und gute Arbeit leisten. Das können sie aber nur, wenn sie nicht von Zank und Streiterei belastet sind. Hier ist der/die Teamchef:in gefragt: als Vorbild im Alltag und als Vermittler:in im Krisenfall.

Quelle (bearbeitet):
www.ehrenamt-im-sport.de

Erster Schritt: Ursachen erkennen

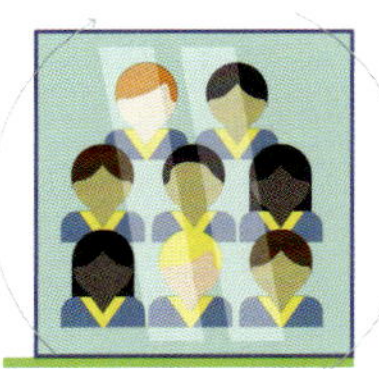

Um mit einem Konflikt angemessen umzugehen, ist es wichtig zu verstehen, was hinter ihm steckt. Denn nur dann lässt sich das Problem an der Wurzel packen und eine Lösung finden. Die tiefer liegenden Ursachen eines Konflikts aufzudecken, ist allerdings nicht immer einfach. Das liegt daran, dass das Verhalten von Menschen zum großen Teil von unbewussten Bedürfnissen und Motiven beeinflusst wird. Niemand würde beispielsweise ohne Weiteres zugeben, dass er etwa neidisch auf eine erfolgreichere Trainerkollegin ist – manchmal ist dies einem selbst gar nicht bewusst. Meistens bleiben die eigentlichen Gründe von Konflikten daher unausgesprochen. Ohne sie anzusprechen, ist allerdings eine Lösung kaum möglich. Wie erkennt man aber, was hinter einem Konflikt liegt?

Das Eisbergmodell (siehe unten) kann dabei helfen. Es zeigt, was sich alles hinter einem Konflikt verbergen kann. Das, was in einem Konflikt sichtbar wird oder zur Sprache kommt, ist nur die Spitze des Eisbergs (Sachebene). Dazu gehören etwa vorgebrachte Argumente, Fakten, Positionen und Informationen. Der größte Teil des Eisbergs liegt unter der Wasseroberfläche. Das ist die emotionale Ebene, zu der Interessen, Werte, Einstellungen, Bedürfnisse und Gefühle gehören. Sie beeinflussen das Verhalten der Beteiligten eher unbewusst und unausgesprochen.

Für die Konfliktlösung ist es wichtig, sich dieser tiefer liegenden Konfliktursachen bewusst zu sein und sie zu erkunden. Dafür gilt es bestenfalls sogar Räume zu eröffnen, in denen es möglich wird, über diese unbewussten, aber starken Einflüsse zu sprechen. Bleiben Sie hingegen in der Konfliktbearbeitung nur an der Oberfläche, können sich Spannungen sogar verstärken. So kann es passieren, dass ein Trainer der Kollegin den Erfolg neidet, aber dies nicht zugibt. Er wird stattdessen andere Dinge suchen, die er an der Kollegin schlechtmachen kann. Nicht selten eskalieren solche Konflikte bis in den Vorstand hinein und eine Lagerbildung droht.

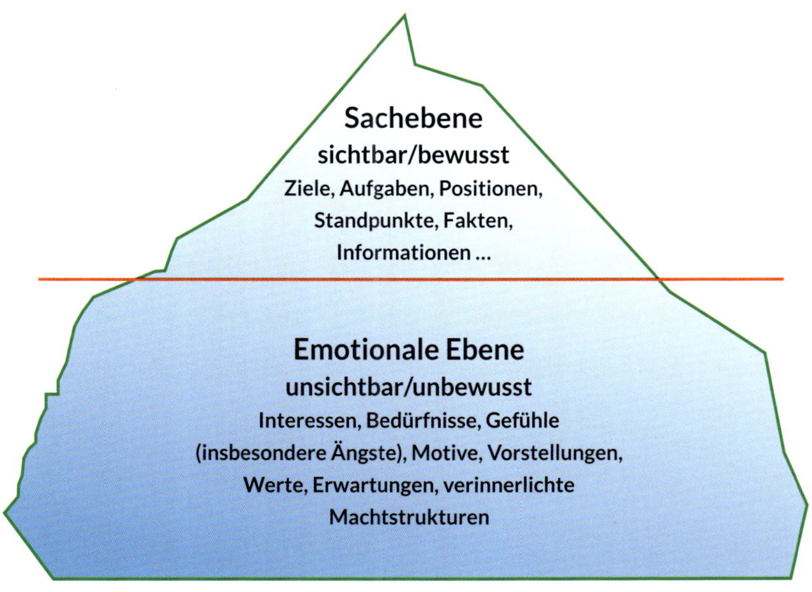

Was vor allem hinter Konflikten liegt: Werte und Wertvorstellungen

Wie das Eisbergmodell veranschaulicht, werden Konflikte auf der emotionalen Ebene auch durch Werte und Grundüberzeugungen beeinflusst. Sie können in Konflikten sogar eine zentrale Rolle spielen. Wertvorstellungen sind untrennbar mit uns als Person verbunden und drücken aus, was uns wichtig ist. Sie sind auch der Grund, warum wir bestimmte Sichtweisen oder Interessen vertreten oder uns in einer bestimmten Weise verhalten.

In der Regel verbergen sich hinter den sichtbaren Standpunkten der Konfliktparteien unterschiedliche Wertvorstellungen, die die beteiligten Parteien schützen und verteidigen möchten. So werden diese gegensätzlichen Wertvorstellungen zu tiefer liegenden Konfliktursachen, die dazu führen können, dass eine Auseinandersetzung schnell emotional wird. Beispielsweise reagieren Jugendliche mitunter sehr empfindlich, wenn sie sich oder andere ungerecht behandelt fühlen. Gerade für Teenager ist Gerechtigkeit ein sehr bedeutsamer Wert, weil damit weitere für die Jugendlichen wesentliche Bedürfnisse verbunden sind – zum Beispiel einen festen Platz im Team einzunehmen, Anerkennung in der Mannschaft zu finden, mit der eigenen Leistung gesehen zu werden oder genauso behandelt zu werden wie die Mitspieler:innen. Dies zu wissen und die Grundüberzeugungen und Werthaltungen der Beteiligten zu kennen, hilft beim Verstehen und der Lösung von Konflikten. Dann können sich die Beteiligten klarmachen, um was es ihnen eigentlich in einem bestimmten Konflikt geht und was den Konfliktparteien jeweils wichtig ist. Deshalb ist es entscheidend, unter die Oberfläche zu schauen, verborgene Interessen, Gefühle und eben auch Werte und Grundüberzeugungen aufzudecken und darüber zu sprechen.

Die Tabelle zeigt, welche Werte im Jugendfußball häufig miteinander in Konflikt geraten.

Wertvorstellungen – Gegensatzpaare

Soziale Integration (sucht Gemeinschaft): Teamgeist und Miteinander sind entscheidend und gemeinsame Ziele stehen im Mittelpunkt.	↔	**Autonomie (sucht Unabhängigkeit):** Der Erhalt der eigenen Freiheit und die persönlichen Ziele zählen.
Fürsorge (sucht Unterstützung): Das Fußballteam ist eine soziale Gruppe, die Halt gibt.	↔	**Opportunismus (sucht Vorteile):** Das eigene sportliche Fortkommen ist wichtiger als die Bedürfnisse des Teams.
Kontinuität (sucht Sicherheit): Es ist gut, bei dem zu bleiben, was man bereits kann.	↔	**Veränderung (sucht Wechsel):** Ziel ist es, sich weiterzuentwickeln und etwas Neues auszuprobieren.
Hierarchie (sucht Autorität): Was der/die Trainer:in sagt, zählt und das befolgt man auch.	↔	**Partizipation (sucht Teilhabe):** Gute Entscheidungen im Team brauchen die Beteiligung der Spieler:innen.

Ein wichtiges Prinzip der Konfliktbearbeitung ist es also, die unterschiedlichen Wertvorstellungen der Beteiligten im Gespräch herauszuarbeiten und so dem Konflikt auf den Grund zu gehen. Hierbei gilt zuallererst, jeden und jede mit den eigenen Vorstellungen ernst zu nehmen und zu respektieren, denn Werte sind etwas sehr Persönliches. Bewertungen wie richtig oder falsch, besser oder schlechter sind hier nicht zielführend. Das bedeutet allerdings nicht, jede Sichtweise und jedes Verhalten unhinterfragt hinzunehmen. Zum guten Umgang mit den eigenen Werten und denen der anderen gehört auch die kritische Auseinandersetzung. Zudem fordert ein funktionierendes Miteinander bisweilen, individuelle Wertvorstellungen hinter den in der Jugendabteilung und im Team vereinbarten Werten zurückzustellen. Der Rahmen für solche Klärungsprozesse ist durch die demokratischen Prinzipien und Werte gesetzt, die als Maßstab von allen Konfliktparteien anerkannt werden. Dazu zählen unter anderem die Anerkennung des Gegenübers als gleichwertig und als gleichberechtigt, das Recht und die Pflicht, die eigene Position darzulegen und zu begründen, die Akzeptanz von Unterschieden und Gewaltfreiheit.

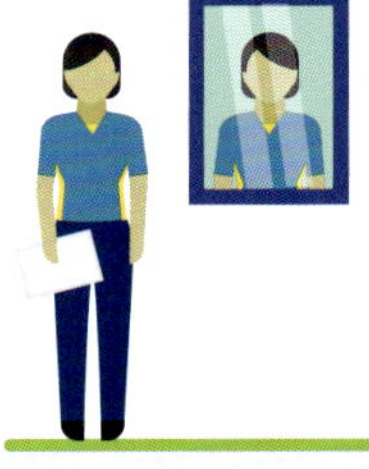

Reflexion

- Erinnern Sie sich an eine Konfliktsituation aus Ihrem Alltag: Welche Ihrer persönlichen Werte waren da betroffen? Welche Werte standen wohl hinter der Gegenposition?

Besonders im Training kann es schnell zu Spannungen kommen, die rasch gelöst werden sollten.

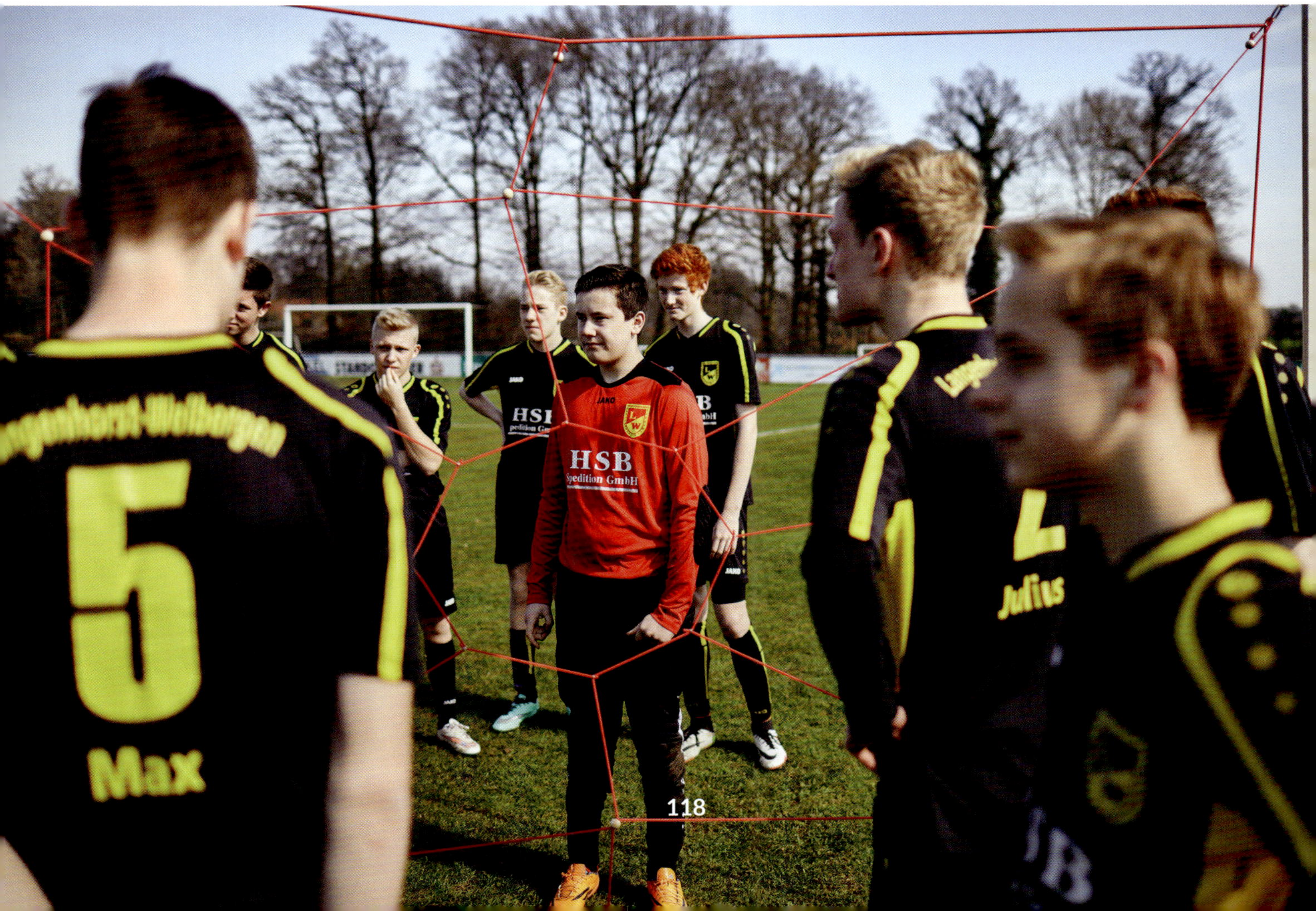

Zweiter Schritt: Eigene Rolle definieren

Sie wissen, dass Konflikte in der Jugendabteilung in vielfältigen Konstellationen denkbar sind: Eltern versus Trainer:in, Trainer:in versus Trainer:in, Spieler:in versus Spieler:in, Spieler:in versus Trainer:in. Egal, worum es im Einzelnen geht, in der Regel sind Sie als vermittelnde Instanz gefragt. Häufig wird dann von Ihnen erwartet – ob ausgesprochen oder unausgesprochen –, dass Sie Partei ergreifen und denjenigen zur Seite springen, die sich in einer spannungsreichen Situation als Opfer ansehen. Gerade in der Jugendarbeit erfolgt die Annahme dieser Rolle oft aus einem fürsorglichen und beschützenden Impuls heraus. Die Gefahr ist jedoch groß, dass Sie als Retterin oder Beschützer der einen Partei zugleich zum Verfolger oder zur Anklägerin der anderen Partei werden, sodass sich diese plötzlich in der Opferrolle sieht. Das entschärft den Konflikt auf keinen Fall, sondern schafft neue Fronten. Unversehens können Sie so selbst in die Defensive geraten.

Moderatorin, Lösungssuchender, Streitschlichterin oder Mediator – das sind die Rollen, die Sie als Jugendleiter:in bevorzugt einnehmen sollten, wenn Sie nicht selbst Konfliktpartei sind, sondern die Beteiligten bei der Konfliktlösung begleiten (zu den unterschiedlichen Rollen siehe Seite 59). Diese Rollen unterscheiden sich voneinander. Als Moderator:in lassen Sie die Beteiligten selbst eine Lösung suchen, ohne zu sehr mit eigenen Ideen einzugreifen. Das kann besonders sinnvoll sein, wenn es sich eher um eine Spannung als einen Konflikt handelt und die Beteiligten anhand des Gesprächs selbst die Lösung erarbeiten sollen (das ist beispielsweise ein wichtiges Lernziel bei Jugendspieler:innen). Als Lösungssuchende:r machen Sie konkrete Vorschläge, die Sie den Konfliktparteien anbieten und/oder gehen gemeinsam mit ihnen auf die Suche nach der passenden Lösung. Als Streitschlichter:in üben Sie eher ein Schiedsrichteramt aus: Sie entscheiden in der Sache aufgrund von objektiven Kriterien (z. B. Trainerleitlinien, Regeln) und fällen einen Schiedsspruch. Eine Mediation ist gefragt, wenn ein Konflikt an emotionaler Schärfe und Verhärtungen zugenommen hat. Als Mediator:in erarbeiten Sie als neutrale dritte Person gemeinsam mit den Konfliktparteien eine geeignete Lösung. Der Prozess ist langwieriger und intensiver und umfasst nach Bedarf auch die anderen hier beschriebenen Rollen und Bearbeitungsansätze. Es kann auch ein Schiedsspruch (möglicherweise durch eine weitere unabhängige Person oder Instanz) notwendig sein, wenn beide Parteien zu keiner Lösung gelangen. Für die Rolle des Mediators/der Mediatorin ist besonderes psychologisches Fingerspitzengefühl gefragt – Sie sollten hier Ihre Grenzen und Möglichkeiten gut kennen und eventuell professionelle Unterstützung zurate ziehen.

Und wenn ich selbst Teil des Konflikts bin?

Sollten Sie selbst an einem Konflikt beteiligt sein oder ihn vielleicht sogar mitverursacht haben, ist die Herausforderung eine andere. Sie kennen die vielen möglichen Konfliktkonstellationen, etwa im Verhältnis zwischen

Ihnen und einem/einer Trainer:in, den Spieler:innen, den Eltern oder anderen Vereinsverantwortlichen. Manchmal ist es enorm schwer, eine für alle akzeptable Lösung zu finden. Deswegen braucht es in manchen Fällen vielleicht sogar eine dritte, neutrale Person, die die Rolle des Moderators/der Moderatorin einnehmen kann. In anderen Fällen sollten Sie sich darum bemühen, in einem offenen Gespräch mit der anderen Partei den Konflikt auch ohne Vermittler:in zu lösen. Hierbei hilft es Ihnen, wenn Sie sich zum einen selbst gut einschätzen können und wissen, wie Sie sich in Konflikten verhalten, und wenn Sie zum anderen ein gutes Einfühlungsvermögen mitbringen, um das Verhalten anderer in Konflikten einzuschätzen.

Menschen gehen unterschiedlich an Konflikte heran. Das hat mit ihrer Persönlichkeit zu tun sowie mit ihren Vorerfahrungen und Einstellungen. Solche persönlichen Eigenschaften und Verhaltensweisen lassen sich gut beobachten. Der eine zieht sich eher zurück, wenn es schwierig wird. Die andere glaubt, mit Druck und Durchsetzungsstärke vorgehen zu müssen. Der Nächste sucht das offene Gespräch. Diese unterschiedlichen Herangehensweisen beeinflussen, wie sich ein Konflikt entwickelt und ob er eskaliert oder nicht. Egal, ob Sie Konfliktpartei sind oder als vermittelnde Instanz agieren: Behalten Sie im Blick, wie die Beteiligten agieren, reflektieren Sie Ihr eigenes Konfliktlösungsverhalten und nehmen Sie Ihre Vorbildrolle wahr. Mit welcher Haltung Sie an Konflikte herangehen, entscheidet mit darüber, welche Haltung andere Akteurinnen und Akteure im Verein bei Spannungen und Konflikten einnehmen.

Das folgende Schaubild illustriert unterschiedliche Arten von Konfliktlösungsverhalten.

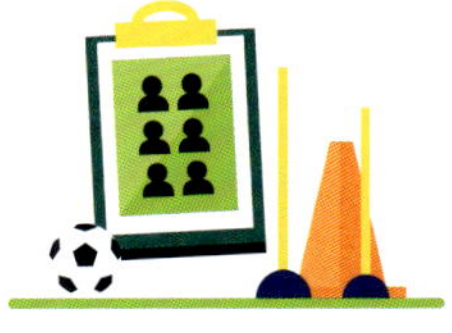

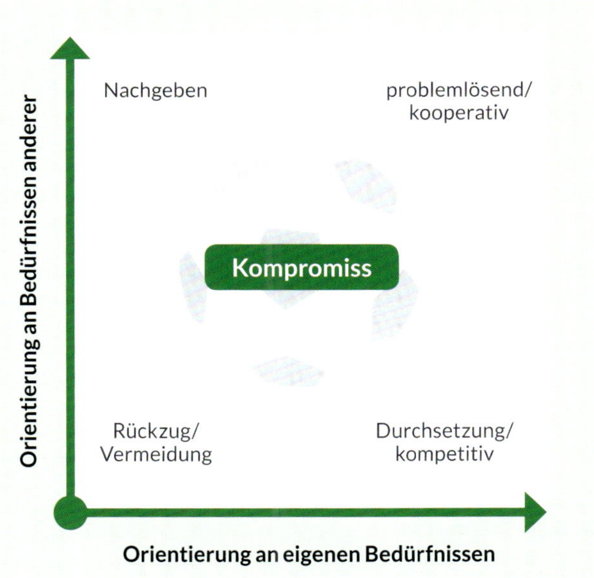

Quelle: Grafik frei nach Berkel (2020)

Fünf Konfliktlösungsstile

1 Durchsetzung

Wer bestrebt ist, seine Interessen durchzusetzen – auch auf Kosten der anderen Partei –, sucht nicht lange nach Ursachen für den Konflikt, sondern schaut vor allem auf seine Bedürfnisse und Ziele. Durchsetzungstypen setzen auf Überredung und notfalls auf Druck und Drohungen.

2 Kompromiss

Kompromissbereite Menschen sind bereit, der anderen Partei ein Stück weit entgegenzukommen. Das bedeutet, Abstriche zu machen und auch eigene Positionen zu verlassen. Auch die andere Seite muss ein wenig von ihren Interessen abrücken. Für einen tragfähigen Kompromiss braucht es für alle Beteiligten gute Lösungsangebote.

3 Rückzug/Vermeidung

Wer einem Konflikt ausweicht und ihn verdrängt, macht es sich vermeintlich leicht. Ein Konflikt sucht sich allerdings wieder seinen Weg an die Oberfläche und präsentiert sich dann vielleicht heftiger. Der Rückzug kann aber sinnvoll sein, wenn der Konflikt persönlich wird, keine Lösung in Sicht ist oder er abflacht, wenn sich Beteiligte zurückziehen.

4 Nachgeben

Wenn für eine Person eine Sache nicht so wichtig ist, kann für sie ein Nachgeben sinnvoll sein. Ungünstig wird es aber dann, wenn Menschen darunter leiden, weil sie mal wieder nachgegeben haben, ihre legitimen Interessen nicht stark genug vertreten und sich vorschnell anderen unterordnen.

5 Kooperative Problemlösung

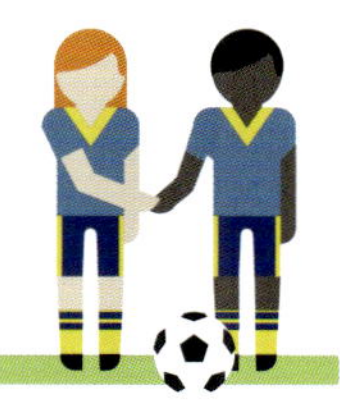

Der kooperative Stil der Problemlösung kommt der Berücksichtigung sowohl der eigenen als auch der Bedürfnisse der anderen am nächsten. Dieser Stil erfordert allerdings in der Regel einen langen Atem, da eine – auch selbstkritische – Auseinandersetzung mit den Ursachen des Konfliktes notwendig ist. Dazu gehört auch die Analyse, was man selbst und was die andere Partei dazu beigetragen hat. Wenn es aber so gelingt, die verschiedenen Bedürfnisse unter einen Hut zu bringen, ist dieser Stil am erfolgversprechendsten. Der Unterschied zum Kompromiss ist, dass hier gemeinsam nach einer bestmöglichen Lösung für alle Beteiligten gesucht wird.

Diese fünf Verhaltensstile sind hier idealtypisch beschrieben – in der Realität gehen sie ineinander über. Zudem haben alle ihre Berechtigung, denn je nach Situation kann ein Rückzug oder der Mut zur Durchsetzung angemessen sein. Im Mannschaftssport sind allerdings Zusammenarbeit und Zusammenhalt maßgeblich; deswegen ist hier in der Regel der problemlösende, kooperative Stil anderen Wegen vorzuziehen. Auch der Kompromiss ist in vielen Fällen eine gute Variante der Konfliktlösung. Hier besteht jedoch die Gefahr, dass die Konfliktpartner:innen unzufrieden zurückbleiben – dann dauert es nicht lange, bis die Spannungen wiederkehren. Deswegen sollten Kompromisse gut durchdacht sein.

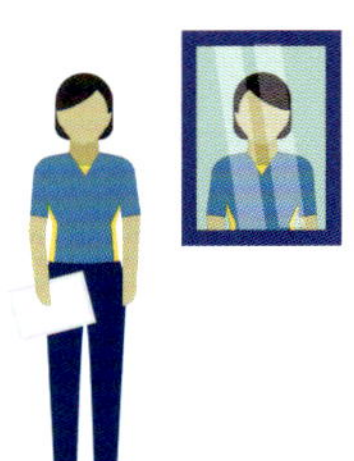

Reflexion

Wie gehen Sie bei der Lösung von Konflikten vor? Schauen Sie sich dafür nochmals das Schaubild und die Beschreibungen der Konfliktlösungsstile an.

- Ich setze meine Interessen durch, notfalls per Kampf.
- Ich suche möglichst den Kompromiss.
- Ich ziehe mich zurück/vermeide jeden Konflikt.
- Ich gebe leicht nach und passe mich an.
- Ich versuche, das Problem konstruktiv zu lösen.

Wie beim erfolgreichen Zusammenspiel im Fußball kommt es gerade auch bei Konflikten auf Kooperation an.

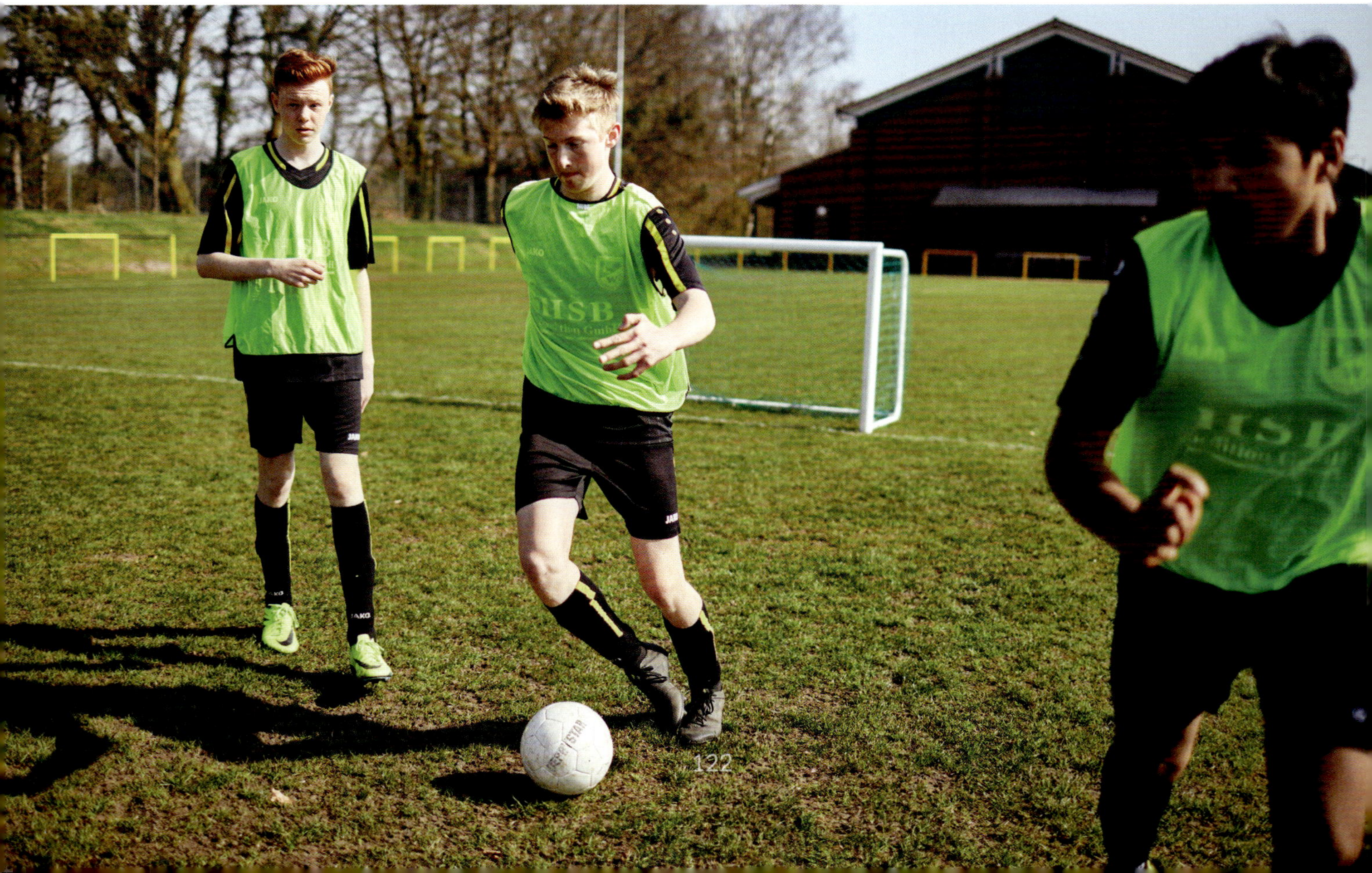

Dritter Schritt: Lösungsstrategien überlegen

Im Idealfall haben Sie inzwischen die Ursache eines Konflikts ausgemacht (siehe Eisbergmodell, Seite 116, sowie Tabelle Seite 124), Ihre Rolle bei der Konfliktlösung definiert und verstehen, wie Sie und andere sich in Konflikten verhalten. So vorbereitet können Sie nun einen Lösungsansatz suchen. Hierbei sollten Sie sich bewusst machen, dass die Ursachen auch die Art oder Form eines Konflikts bestimmen. Diese zu kennen, erleichtert wiederum die Konfliktlösung. Die folgende Übersicht zeigt Ihnen häufige Konfliktarten, beispielhaft deren Ursachen sowie mögliche Lösungsansätze.

Vierter Schritt: Das Thema anpacken

Bei Konflikten lautet der erste Lösungsansatz: das Gespräch suchen. Das können die Konfliktparteien untereinander führen oder auch mit Unterstützung durch eine dritte, vermittelnde Person. Versuchen die Konfliktparteien es selbst, sollten sie dazu grundsätzlich bereit sein und Offenheit sowie Fairness mitbringen (siehe unten). Das gilt auch für Sie als Jugendleiter:in, wenn Sie selbst Konfliktpartei sind. Wenn Sie als Jugendleiter:in konstruktiv vermittelnd ein solches Gespräch unterstützen, kommt als vierte Bedingung noch die Neutralität hinzu.

Voraussetzungen für ein gelingendes Konfliktgespräch

Bereitschaft

Die Konfliktparteien erklären sich freiwillig und ernsthaft bereit, eine gemeinsame Lösung zu erarbeiten.

Offenheit

Beide Seiten stimmen überein, nichts zurückzuhalten: Alle Anliegen kommen auf den Tisch.

Fairness

Die Beteiligten einigen sich auf einen fairen Umgang miteinander. Persönliche Angriffe, Drohungen und Schreien sind tabu – auch in der Hitze des Gefechts.

Neutralität

Die vermittelnde Person gehört keiner Partei an und wird von allen akzeptiert. Sie wahrt während des Konfliktgesprächs Neutralität, lässt sich auf keine Seite ziehen und gibt keine Wertungen ab. Falls nicht anders möglich, kann dafür auch eine externe Moderation herangezogen werden.

Quelle:
www.ehrenamt-im-sport.de

Konfliktarten	Ursachen	Lösungsansatz
Wertekonflikt	Es gibt keinen Konsens hinsichtlich prinzipieller Werte und Einstellungen; Grundüberzeugungen stehen gegeneinander. **Beispiel:** Es herrschen gegensätzliche Vorstellungen davon, was wichtiger ist: Einsatz für den Verein oder Zeit für die Familie? Sportliche Leistungen oder soziales Engagement? Fairplay oder Erfolg?	Jugendleiter:innen, Trainer:innen und Mannschaften klären gemeinsam die Schnittmenge dessen, was für sie zählt, und bilden hierüber einen Konsens.
Beziehungskonflikt	Störungen bestehen im zwischenmenschlichen Bereich. **Beispiel:** Eine Jugendtrainerin und ein Jugendtrainer können überhaupt nicht miteinander; dadurch werden Kommunikation und Abstimmungen schwierig.	Klärende Gespräche und Teamübungen helfen, die Kluft zu überwinden.
Rollenkonflikt	Zugewiesene Rollen werden nicht anerkannt. **Beispiele:** Teile der Mannschaft akzeptieren eine Mitspielerin nicht in der Rolle der Kapitänin. Der Trainer will gleichzeitig Kumpel und Autoritätsperson sein.	Die Mannschaft wird im Gespräch darin angeleitet, die Entscheidung zu akzeptieren. Die Trainerin erläutert ihre Entscheidung. Der Trainer reflektiert sein Verhalten als Vorbild und entscheidet sich für eine angemessene Rolle.
Machtkonflikt	Macht wird durchgesetzt oder infrage gestellt. **Beispiel:** Der Trainer setzt seinen Willen mit aller Macht durch. Die Jugendspielerinnen wehren sich dagegen.	Der Trainer liefert Begründungen für seine Entscheidungen. Wichtige Zielfragen (sportliche Ziele, Entwicklungsziele) klärt er gemeinsam mit der Mannschaft.
Zielkonflikt	Es bestehen unterschiedliche Zielvorstellungen. **Beispiel:** Die Trainerin will an die Tabellenspitze, die Mannschaft will vor allem miteinander kicken.	Zu Saisonbeginn klären Trainerin und Mannschaft ihre Ziele. Die Trainerin wirbt für ihre Vorstellungen und ermöglicht es der Mannschaft, die Ziele zu erreichen – oder passt gegebenenfalls die Ziele an die Bedürfnisse der Spieler an.
Interessenkonflikt	Interessen stehen gegeneinander. **Beispiel:** Einigen Jugendspielerinnen sind die eigenen Vorteile wichtiger als die Entwicklung der Mannschaft.	Die Mannschaft klärt gemeinsam mit dem Trainer ihre Ziele, Werte, Regeln und Prinzipien.
Verteilungskonflikt	Ressourcen werden ungleich/ungerecht verteilt. **Beispiel:** Im Verein erhalten die erfolgreichen Mannschaften deutlich mehr Geld als die weniger erfolgreichen.	Die Jugendleiterin kümmert sich im Zusammenspiel mit den Trainer:innen um eine gerechte Verteilung der Ressourcen und transparente Maßstäbe für die Vergabe.
Beurteilungskonflikt	Ziele, Maßnahmen und Ergebnisse werden unterschiedlich bewertet. **Beispiel:** Es herrscht Uneinigkeit über Ziele (Tabellenspitze erlangen), bestimmte Maßnahmen (neue Spieler:innen einsetzen) oder über die Frage, wie der Erfolg zu bewerten ist (ist die Tabellenspitze schon ein Erfolg?).	Nicht nur die Ziele müssen vorab definiert werden, sondern auch die Kriterien und Maßnahmen zur Zielerreichung und vor allem, wie mit dem jeweiligen Ergebnis umgegangen wird.

Mit Material aus folgender Quelle: www.riepel.net

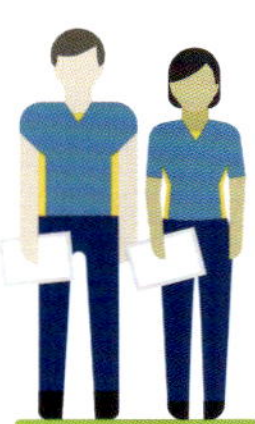

Als Moderator:in ergeben sich für Sie damit folgende Aufgaben:

- Fragen Sie die Konfliktparteien nach ihrer Bereitschaft und ob sie sich auf das Gespräch einlassen wollen. Betonen Sie, dass nur so das Gespräch eine Chance hat. Bieten Sie Ihre Unterstützung an.
- Versuchen Sie, den Konfliktparteien die Angst zu nehmen, nicht offen sprechen zu können. Machen Sie deutlich, dass das Gespräch in einem geschützten Raum stattfindet und dass Sie dafür Sorge tragen, dass beiden Seiten in ihrem Schutzbedürfnis respektiert werden.
- Besprechen Sie vorher einige grundlegende Regeln. Holen Sie sich von den Konfliktparteien die Zustimmung zu diesen Regeln und erklären Sie, dass Sie strikt auf deren Einhaltung achten.
- Machen Sie von Anfang an Ihre neutrale Position klar und dass Sie keine der Konfliktparteien bevorzugen oder benachteiligen werden. Diese neutrale Position können Sie selbstverständlich nur einnehmen, wenn Sie nicht selbst involviert sind.

Gemeinsam erfolgreich Konflikte zu lösen, schärft die Wahrnehmung und das Bewusstsein für das Miteinander.

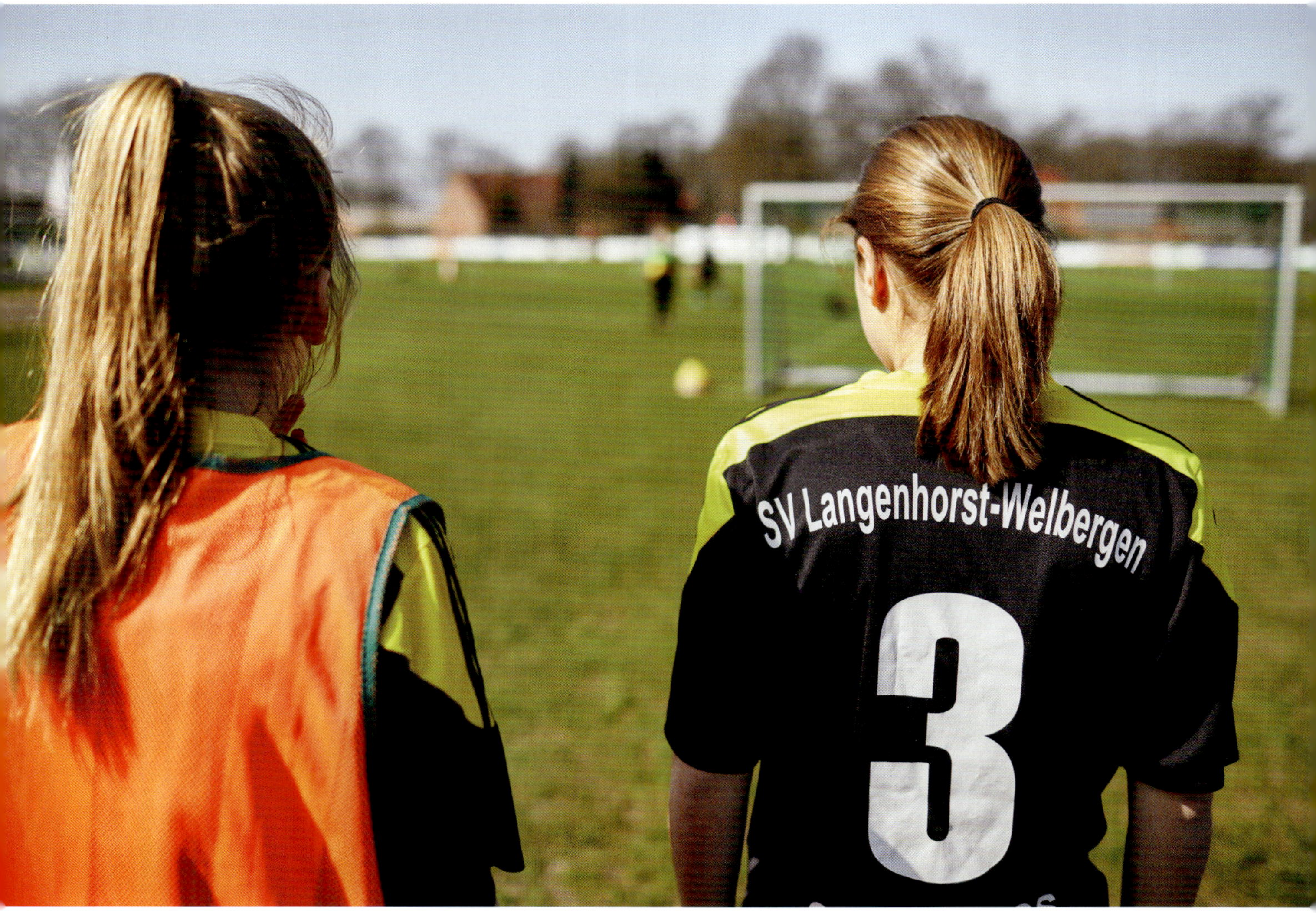

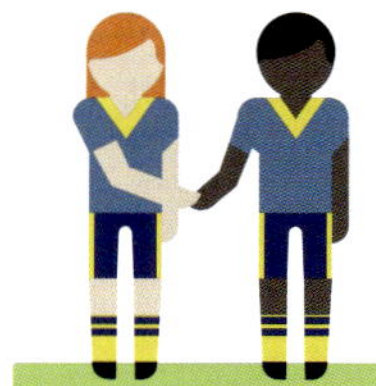

10 Schritte zur Konfliktlösung im Gespräch

Überlegen Sie, ob Sie sich zutrauen, den Konflikt selbst mithilfe eines Gesprächs zu lösen. Falls nein, suchen Sie sich eine Person, die neutral ist und moderierend das Gespräch führt.

Prüfen Sie, ob alle Beteiligten die Voraussetzungen für ein gelingendes Konfliktlösungsgespräch wie Bereitschaft, Offenheit und Fairness erfüllen können und wollen.

1 Aufrichtiges Interesse, den Konflikt zu lösen

Nur wenn alle am Konflikt beteiligten Parteien den Konflikt wirklich lösen wollen, macht ein Gespräch Sinn.

2 Das Gespräch eröffnen

Stellen Sie eine ruhige Gesprächsatmosphäre her. Klären Sie gemeinsam, welche Ziele das Gespräch hat, und betonen Sie, dass gemeinsam eine Lösung gesucht werden soll. Die Seite, die den größten Gesprächsbedarf hat, beginnt.

3 Eigenen Standpunkt erläutern

Die Konfliktparteien erläutern nacheinander ihren Standpunkt. Achten Sie darauf, dass alle Beteiligten sich an die Tipps für gute Kommunikation halten (siehe Seite 115). Dazu zählen: zuhören, einander ausreden lassen, Beleidigungen oder Beschuldigungen vermeiden, Ich-Botschaften formulieren.

4 Perspektivwechsel vollziehen

Helfen Sie den Konfliktparteien, die Perspektive der jeweils anderen Partei im Wechsel einzunehmen und zu verstehen. Dies hilft, die jeweils andere Partei besser zu verstehen und herauszufinden, was hinter dem Konflikt steckt. Die Ursachen des Konflikts zu identifizieren, ist für die Lösungsfindung entscheidend (Perspektivwechsel: Seite 128/129).

5 Gemeinsamkeiten finden

Lassen Sie die Konfliktparteien nach Gemeinsamkeiten suchen, etwa nach gemeinsamen Interessen oder Bedürfnissen. Oft zeigt sich dabei, dass die Beteiligten gar nicht so weit auseinanderliegen. Diese gemeinsamen Interessen und Bedürfnisse sind ein guter Ansatzpunkt, um eine Lösung zu finden, mit der alle mitgehen können.

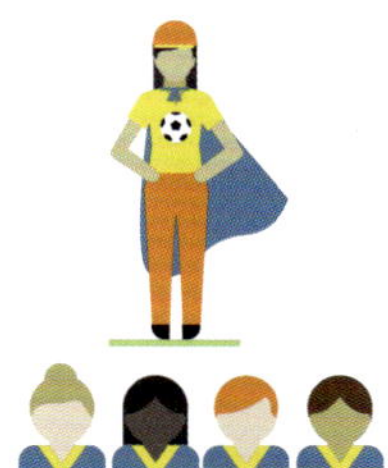

Fair bleiben 6

Konflikte sind emotional sehr belastend. Auch beim Versuch, einen Konflikt zu lösen, spielen Gefühle eine große Rolle. Erinnern Sie an die Gebote der Fairness und die Regeln wertschätzender Kommunikation, wenn es notwendig ist.

Kompromisse eingehen 7

Loten Sie die Kompromissbereitschaft der Konfliktparteien aus.

Lösungen vorschlagen 8

Schlagen Sie mehrere Lösungsalternativen vor, die sich im Gespräch herauskristallisiert haben. Prüfen Sie mit den Konfliktparteien eine Alternative nach der anderen. Fragen Sie sie auch nach eigenen Lösungsvorschlägen.

Die nächsten Schritte vereinbaren 9

Wenn sich die Konfliktparteien auf eine Lösung geeinigt haben, besprechen Sie die nächsten Schritte.

Den Erfolg kontrollieren 10

Sofern sinnvoll, vereinbaren Sie, wann Sie noch einmal zusammenkommen wollen, um den eingeschlagenen Lösungsweg und seinen Erfolg zu bewerten.

Notizen

7.4 Perspektivwechsel vollziehen

In einem Konflikt haben Sie es mit unterschiedlichen Interessen zu tun, die ausgeglichen werden wollen. Um konstruktiv und wertschätzend miteinander umzugehen, hilft es, zunächst das Verständnis füreinander zu fördern und gemeinsam das Für und Wider unterschiedlicher Standpunkte abzuwägen. Hierfür ist es wichtig, im Gespräch auch Perspektivwechsel zu vollziehen (siehe oben).

Drei Perspektiven sind zu berücksichtigen, wenn es um Konflikte geht:

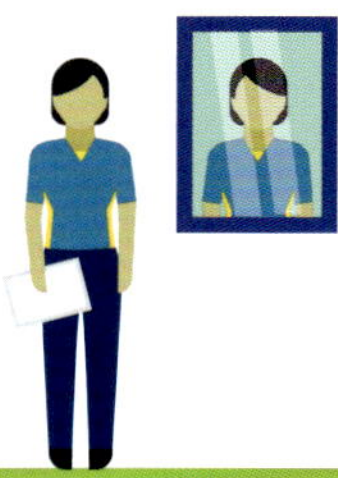

1. Der eigene Blickwinkel

Jede:r hat das Recht, einen Konflikt aus dem eigenen persönlichen Blickwinkel zu sehen und ihn aus der eigenen inneren Wirklichkeit heraus zu bewerten: Wie fühlt sich das für mich an? Wie wirkt das auf mich? Wie sehe ich die Situation und was dazu geführt hat? Dabei braucht es nichts weiter als die eigenen Sinne und die Bereitschaft, in sich selbst hineinzuhören. Es gibt Menschen, die aufgrund ihrer Persönlichkeit dazu neigen, sich selbst mit den Augen der anderen zu beurteilen. Gerade für solche Personen ist das bewusste Einlassen auf den eigenen Blickwinkel wesentlich.

2. Der Standpunkt außerhalb (die Vogelperspektive)

Um mit einem gewissen Abstand oder aus einer Metaebene auf einen Konflikt zu schauen, gilt es zunächst, sich von der eigenen, vielleicht sehr emotionalen Perspektive zu distanzieren. Dazu kann man sich gedanklich in einen außenstehenden Zeugen und Beobachter versetzen: Was nimmt er oder sie wahr? Das verhilft zu einer objektiveren Sichtweise und nimmt schnell Spannungen und Emotionen aus der Situation. Die Vogelperspektive ist daher eine gute Übung vor allem für diejenigen, die in einem Konflikt Partei ergreifen oder selbst an ihm beteiligt sind. Sie dient dazu, die eigenen Gefühle besser einzuordnen und sich zu sortieren, um aus emotionalen Verstrickungen herauszufinden. Hilfreiche Fragen sind zum Beispiel: »Wenn du wie ein Vogel von oben auf dich schaust (als unbeteiligte, nicht betroffene Person, etwa ein Freund) – wie wirkt das Problem auf dich aus dieser Distanz?«

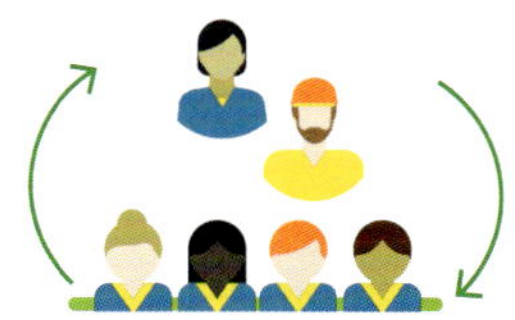

3. Der Standpunkt des/der anderen (Empathie entwickeln)

Entscheidend für eine Lösungsfindung ist die Bereitschaft, einen Konflikt aus dem Blickwinkel des/der anderen zu betrachten. Vor allem bei einem Beziehungskonflikt ist viel gewonnen, wenn es den Beteiligten gelingt, sich in die Gefühlslage des/der jeweils anderen hineinzuversetzen. Empathie, verstehendes Mitgefühl, ist eine wichtige Kompetenz, die Menschen benötigen, um das soziale Miteinander erfolgreich zu gestalten. Erst wenn die Konfliktpartner:innen beginnen, einander zu verstehen, ist Lösung in Sicht. Hilfreiche Fragen hierbei sind: »Wenn du dich in die Lage von X versetzt/wenn du dir vorstellst, du bist X – wie fühlt sich das für dich an? Wie wirkt das auf dich? Wie siehst du die Situation jetzt?«

Der Perspektivwechsel erfordert Übung. Im Fußballalltag können Sie ihn fördern und vor allem Jugendliche, aber auch Trainer:innen, Betreuer:innen und andere Beteiligte dabei unterstützen, unterschiedliche Perspektiven einzunehmen. Dazu muss nicht immer ein Konflikt vorliegen. Auch wenn es darum geht, verschiedene Optionen abzuwägen (z.B. bei der Planung eines Ausflugs), unterschiedliche Ansichten zu einem bestimmten Thema einzuholen oder eine Spielszene aus verschiedenen Sichtweisen zu beleuchten, können Sie selbst und die Beteiligten den Perspektivwechsel einüben und nutzen. Ermuntern Sie vor allem auch Ihre Jugendtrainer:innen, mit den Jugendlichen den Perspektivwechsel einzuüben.

Praxisübung: Perspektivwechsel

- Bitten Sie die Beteiligten (z. B. Jugendspieler:innen, Trainerteam), zu einer bestehenden Meinungsverschiedenheit oder einem Konflikt Position zu beziehen. Sie sollen hierbei den eigenen Blickwinkel einnehmen. Versuchen Sie, die Beteiligten möglichst direkt anzusprechen: »Tim, wie siehst du das? Wie ist das für dich?« Wenn die Situation das gesamte Team betrifft, können Sie auch alle im Team adressieren: »Wie seht ihr die Situation persönlich? Was ist eurer Meinung nach passiert?«
- Bitten Sie die Beteiligten dann, ihre Position von außen (oder von oben, von einer Metaebene aus) zu betrachten: »Wenn ihr euren Streit von vorhin mal aus der Perspektive eines Außenstehenden seht: Was sieht der wohl?«
- Bitten Sie die Beteiligten nun, die Position des/der anderen nachzuvollziehen: »Wie würdet ihr mit euren Worten die Position der anderen Seite erklären? Versteht ihr den Standpunkt eures Gegenübers? Wie geht es ihm/ihr wohl? Was denkt ihr, was geht in ihm/ihr vor? Wie würdet ihr euch an seiner/ihrer Stelle fühlen? Wie würde es euch gehen?«

Im Anschluss sollten Sie diesen Perspektivwechsel gemeinsam mit den Beteiligten reflektieren: Haben sich Sichtweisen verändert? Wie? Wodurch? Was bedeutet das für die Zukunft? Halten Sie sich hier selbst mit Antworten zurück und lassen Sie die beteiligten Personen Antworten finden, auch wenn es dauert. Erst dann tragen Sie nach Bedarf eigene Beobachtungen und Gedanken bei. Sich in den Standpunkt anderer hineinzuversetzen, ist nicht leicht und braucht etwas Anlauf und Übung. Wenn man es selbst schafft, ist der Lerneffekt aber viel höher und nachhaltiger, als wenn die Antworten vorgegeben werden.

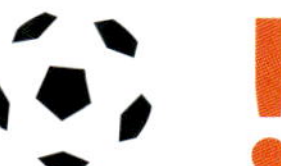

Lesetipps

- Glasl, Fritz (2020). *Konfliktmanagement. Ein Handbuch für Führung, Beratung und Mediation.* 12., aktualisierte und erweiterte Auflage. Stuttgart.
- Glasl, Fritz (2017). *Selbsthilfe in Konflikten. Konzepte – Übungen – Praktische Methoden.* 8. Auflage. Stuttgart.
- Ribler, Angelika, und Astrid Pulter (Hrsg.) (2010). *Konfliktmanagement im Fußball.* Frankfurt am Main.

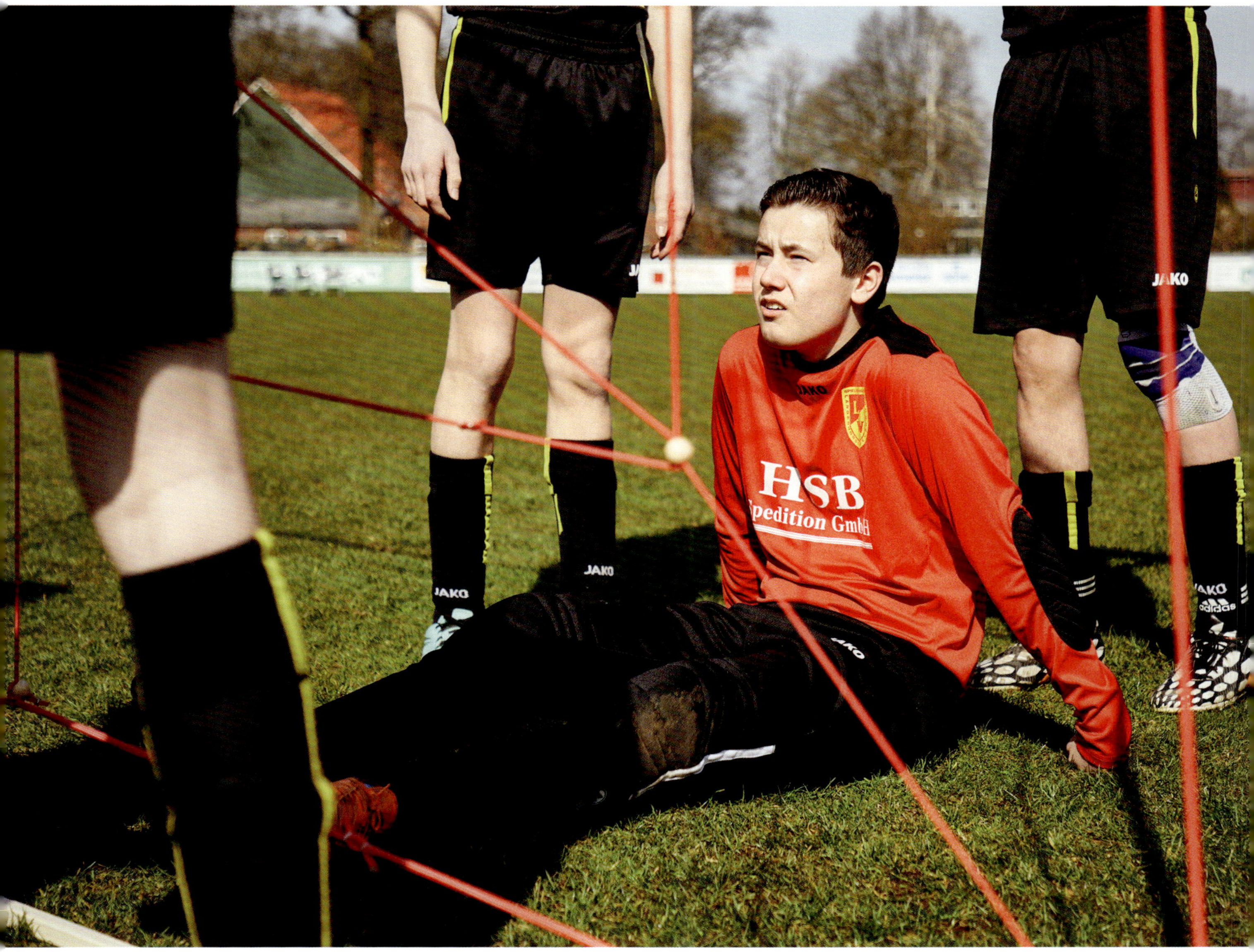

Der Perspektivwechsel, sich in andere hineinzuversetzen, ist eine wichtige Kompetenz, die alle im Verein haben sollten.

Notizen

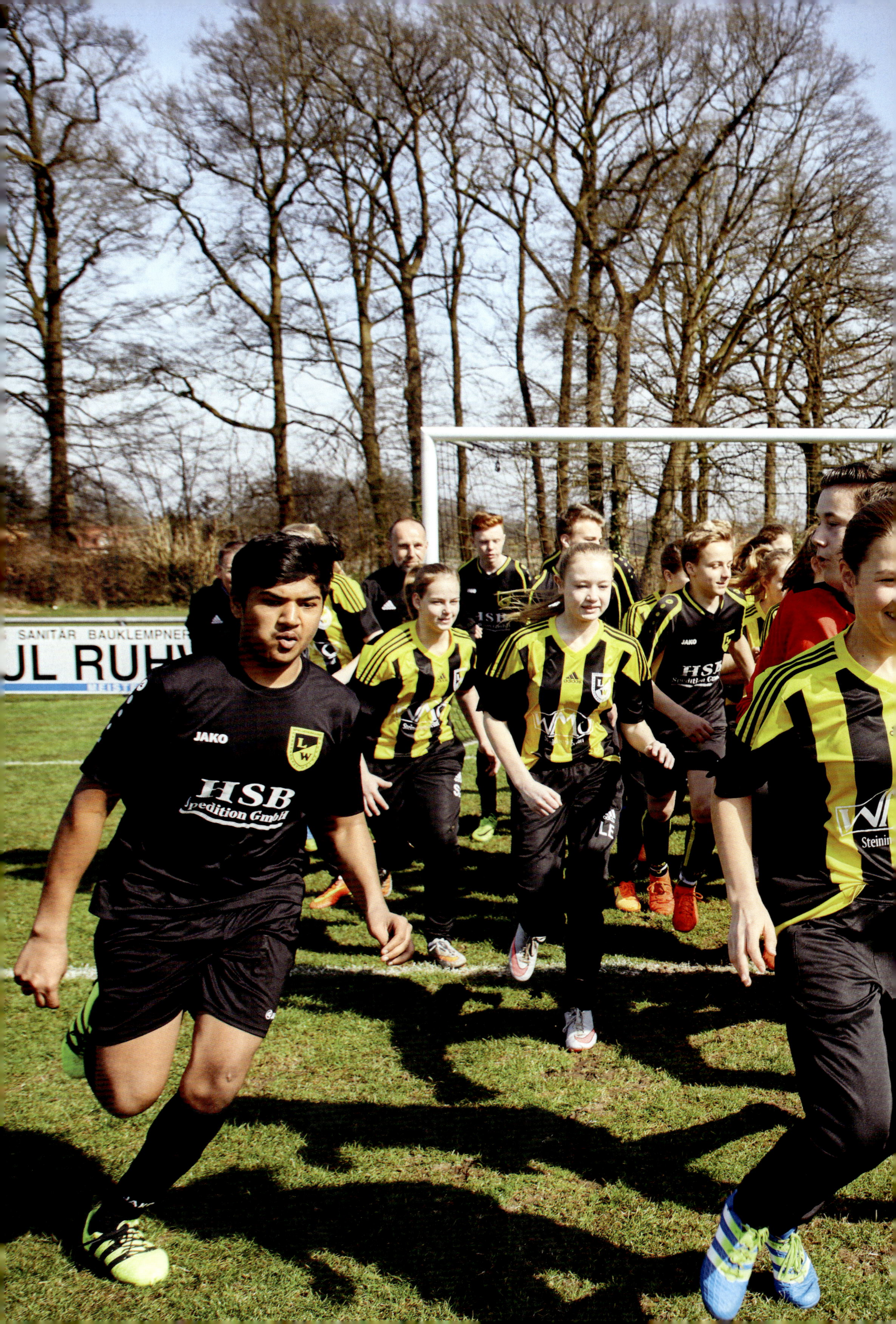
SANITÄR BAUKLEMPNER
JAKO
HSB
Spedition GmbH

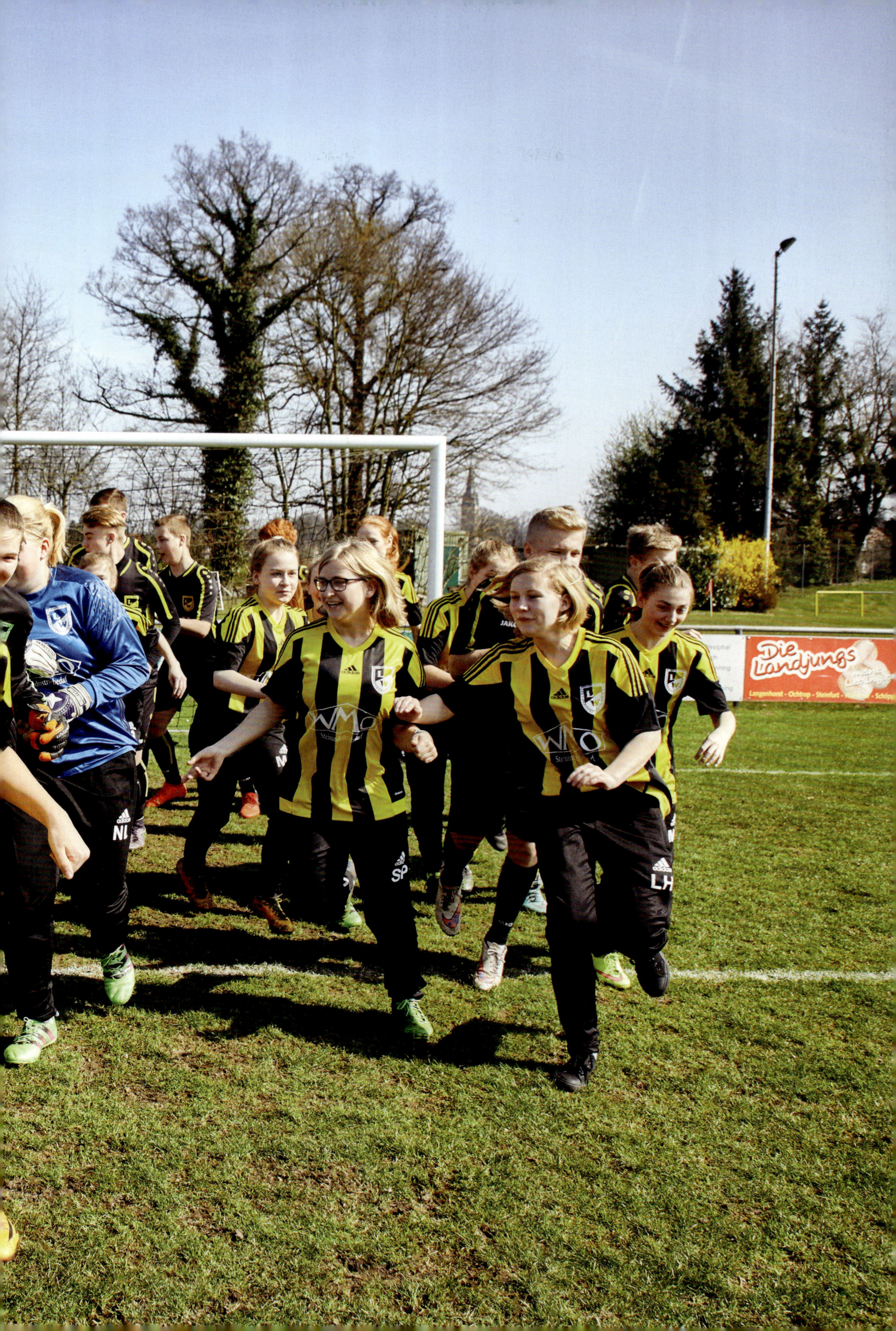
Die Landjungs

Literaturhinweise

Berkel, Karl (2020). *Konflikttraining: Konflikte verstehen, analysieren, bewältigen. Arbeitshefte Führungspsychologie.* Band 15. 14. Auflage. Hamburg.

Bertelsmann Stiftung (Hrsg.) (2016). *Werte lernen und leben.* Gütersloh.

Blum, Heike, und Detlef Beck (2000). *Wege aus der Gewalt.* Arbeitshilfen für Selbsthilfe- und Bürgerinitiativen Nr. 22. Bonn.

Blum, Heike, Gudrun Knittel und Kölner Trainingskollektiv für gewaltfreie Aktion und kreative Konfliktlösung (1994). *Training zum gewaltfreien Eingreifen gegen Rassismus und rechtsextreme Gewalt.* Köln.

Brohm, Michaela (2016). *Werte, Sinn und Tugenden als Steuerungsgrößen in Organisationen.* Heidelberg.

Broich, Josef (2005). *Teamspiele für Beginner.* Köln.

Deutsche Sportjugend (2014). *Sport mit Courage – Vereine und Verbände stark machen gegen Rechtsextremismus.* Frankfurt am Main.

Deutscher Olympischer Sportbund (2012). *Sport interkulturell – Fortbildungskonzept zur kulturellen Vielfalt im sportlichen Alltag.* Frankfurt am Main.

Fink, Nicolas (2020). *Strategische Entwicklung von Sportvereinen: Wie Vereine nachhaltig zu starken Marken werden: Analyse, Planung, Umsetzung, Controlling.* Wiesbaden.

Frey, Dieter (Hrsg.) (2015). *Psychologie der Werte: Von Achtsamkeit bis Zivilcourage – Basiswissen aus Psychologie und Philosophie.* Heidelberg.

Friedrich-Ebert-Stiftung (2008). *Wirkungsvolle Kommunikation. Ein Leitfaden für Gespräche, Verhandlungen und Konflikte.* Bonn.

Gieß-Stüber, Petra, u. a. (Hrsg.) (2005). *Interkulturelle Erziehung im und durch Sport.* Sport und Soziale Arbeit Bd. 3. Münster.

Glasl, Fritz (2020). *Konfliktmanagement. Ein Handbuch für Führung, Beratung und Mediation.* 12., aktualisierte und erweiterte Auflage. Stuttgart.

Glasl, Fritz (2017). *Selbsthilfe in Konflikten. Konzepte – Übungen – Praktische Methoden.* 8. Auflage. Stuttgart.

Gordon, Thomas (2012). *Familienkonferenz: Die Lösung von Konflikten zwischen Eltern und Kind.* München.

Hofstede, Geert (1993). *Interkulturelle Zusammenarbeit: Kulturen – Organisationen – Management.* Wiesbaden.

Jekauc, Darko (2018). *Emotionen im Sport.* Zeitschrift für Sportpsychologie. Göttingen.

Klaußner, Stefan (2016). *Partizipative Leitbildentwicklung: Grundlagen, Prozesse und Methoden*. Wiesbaden.

Kühl, Stefan (2016). *Leitbilder erarbeiten: Eine kurze organisationstheoretisch informierte Handreichung*. Wiesbaden.

Lösel, Friedrich, und Christine Ott (2010). *Evaluation des Projektes »Wertebildung in Familien«. Abschlussbericht*. Friedrich-Alexander-Universität. Erlangen-Nürnberg.

Märtin, René, und Julia Tegeler (2020). *Wertebildung im Jugendfußball – Ein Handbuch für Trainier. TeamUp! – Werte gemeinsam leben*. Gütersloh

Märtin, René, Julia Tegeler und Verena Muckermann (2021). *Wertebildung im Jugendfußball – Ein Leitfaden für Lehrreferent:innen. TeamUp! – Werte gemeinsam leben*. Gütersloh.

Maroshek-Klarman, Uki, und Saber Rabi (2015). *Mehr als eine Demokratie*. Gütersloh.

Petermann, Franz, und Silvia Wiedebusch (2003). *Emotionale Kompetenz bei Kindern*. Göttingen.

Remmert, Günter W. (2015). *Konstruktiver Umgang mit Konflikten*. Welschbillig.

Ribler, Angelika, und Astrid Pulter (Hrsg.) (2010). *Konfliktmanagement im Fußball*. Frankfurt am Main.

Rogers, Carl R. (2016). *Entwicklung der Persönlichkeit: Psychotherapie aus der Sicht eines Therapeuten*. Stuttgart.

Rosenberg, Marshall B. (2016). *Gewaltfreie Kommunikation: Eine Sprache des Lebens*. Paderborn.

Schulz von Thun, Friedemann (2019). *Miteinander reden Band 1 bis 4: Allgemeine Psychologie der Kommunikation. Stile, Werte und Persönlichkeitsentwicklung. Situationsgerechte Kommunikation. Fragen und Antworten*. Hamburg.

Schulz, Stefan, Birthe Hesebeck und Georg Lilitakis (2015). *Praxishandbuch für soziales Lernen in Gruppen*. Aachen.

Stadtsportbund Herne (2012). *Zukunft sichern – Werte halten Sportvereine zusammen und machen sie erst zu menschenwürdigen Lebensorten*. Herne.

Stangl, Werner (2019). *Identitätsfindung im Jugendalter*. Wien.

Tegeler, Julia, und René Märtin (2017). *Leitlinien für die Wertebildung mit Kindern und Jugendlichen*. Gütersloh.

Thomann, Christoph (2014). *Klärungshilfe 2: Konflikte im Beruf: Methoden und Modelle klärender Gespräche*. 6. Auflage. Reinbek bei Hamburg.

Thomann, Christoph, und Friedemann Schulz von Thun (2011). *Klärungshilfe 1: Handbuch für Therapeuten, Gesprächshelfer und Moderatoren in schwierigen Gesprächen*. 6. Auflage. Reinbek bei Hamburg.

Weidenmann, Bernd (2015). *Handbuch Active Training*. Weinheim.

Werther, Dagmar (Hrsg.) (2015). *Vision – Mission – Werte: Die Basis der Leitbild- und Strategieentwicklung*. Weinheim.

Zech, Rainer (2008). »Leitbildentwicklung in Schulen«. *PraxisWissen Schul-Leitung*. Hrsg. Adolf Bartz, Jürgen Fabian, Stephen G. Huber, Carmen Kloft, Heinz S. Rosenbusch und Hajo Sassenscheid. Kronach.

Weiterführende Links und Informationen

Deutscher Fußball-Bund. *Fairplayliga*. www.dfb.de/fairplayliga

Deutscher Fußball-Bund. *Trainerportal*. www.dfb.de/trainer/

Deutscher Olympischer Sportbund. *Arbeitshilfen »Rat und Tat«*. www.ehrenamt-im-sport.de

Lions Quest. *Das Lebenskompetenzprogramm für junge Menschen*. www.lions-quest.de/seminare/

DjK-Sportverband. *Werte erleben im Sport. Crossboccia-Spiele der DjK*. www.vollwertsport.de

Wertebündnis Bayern. *Konzept »Werte. Dialog. Integration«*. www.wertebuendnis-bayern.de/werte-dialog-integration/

Die Autorin und der Autor

René Märtin

Coach, Wertetrainer, Logotherapeut und Supervisor; trainiert und berät seit vielen Jahren Gruppen aus Vereinen und Verbänden, wenn es um werteorientierte Arbeit geht. Zusammen mit Julia Tegeler und Henning Timpe hat er das TeamUp!-Konzept erarbeitet und erprobt. Hat zusammen mit Julia Tegeler die beiden TeamUp!-Bände für Trainer:innen und Jugendleiter:innen verfasst.
www.empowerment-institut.de

Julia Tegeler

Magister Philosophie und Germanistik, Project Manager der Bertelsmann Stiftung im Programm »Lebendige Werte«, Betzavta-Trainerin; arbeitet seit Jahren zu den Themen Werte, Wertebildung, Wertedialog, soziale Kompetenzen sowie Life Skills und leitet das TeamUp!-Projekt der Bertelsmann Stiftung.
www.bertelsmann-stiftung.de

Mitarbeit

Angelika Ribler

Diplom-Psychologin, Diplom-Sportwissenschaftlerin, Sportmediatorin. Referatsleiterin für Jugend- und Sportpolitik bei der Sportjugend Hessen. Freiberuflich tätig als Projektbegleiterin und Coach für Sportverbände, Vereine und Führungskräfte im Institut für SportMediation und Konflikt-Management (Hanau).

Notizen

Notizen

Notizen